AF221243

Impressum
Verlag: BABADADA GmbH, Nedderfeld 112 , 22529 Hamburg
Geschäftsführer / Verlagsleitung: Harald Hof
Druck: Books on Demand GmbH, In de Tarpen 42, 22848 Norderstedt

Imprint
Publisher: BABADADA GmbH, Nedderfeld 112 , 22529 Hamburg, Germany
Managing Director / Publishing direction: Harald Hof
Print: Books on Demand GmbH, In de Tarpen 42, 22848 Norderstedt

baruumsaa

school

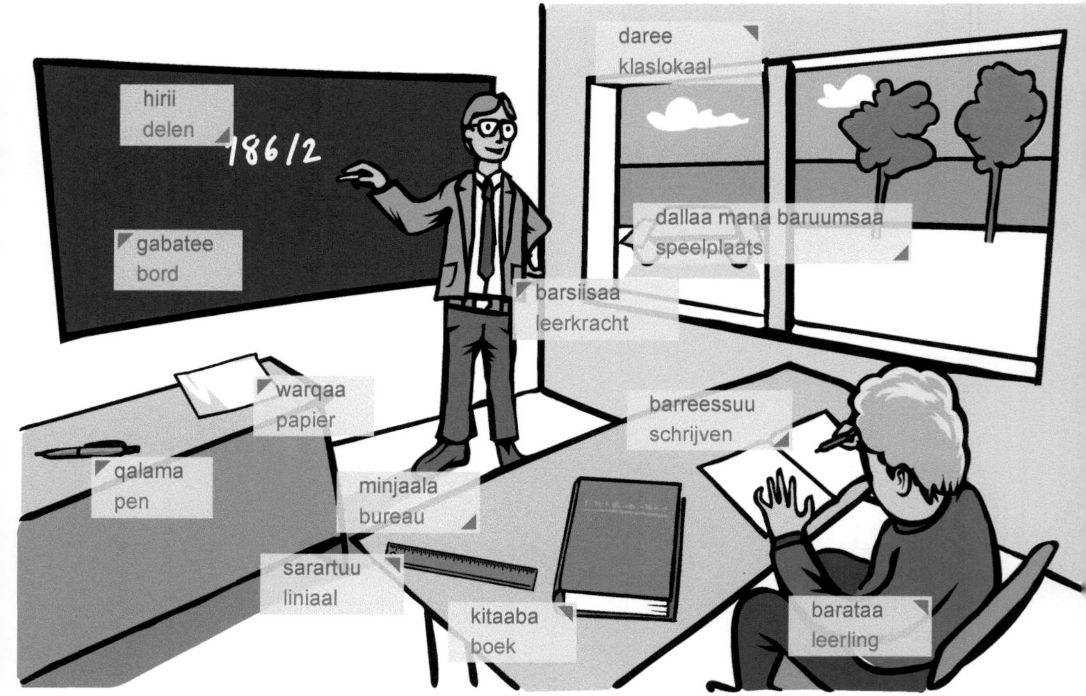

daree
klaslokaal
hirii
delen
186/2
gabatee
bord
dallaa mana baruumsaa
speelplaats
barsiisaa
leerkracht
warqaa
papier
barreessuu
schrijven
qalama
pen
minjaala
bureau
sarartuu
liniaal
kitaaba
boek
barataa
leerling

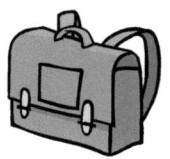

korojoo baattamu

schooltas

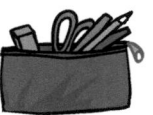

teessoo irsaasii

pennenzak

irsaasii

potlood

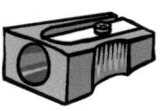

qartuu irsaasii

puntenslijper

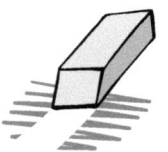

haqxuu

gom

paadii fakkii

tekenblok

fakkii

tekening

burusha halluu

verfborstel

saanduqa halluu

verfdoos

maqasa

schaar

maxxansituu

lijm

daftara

werkboek

hojii manaa

huiswerk

lakkoofsa

nummer

ida'ii

optellen

hir;isi

aftrekken

bay;isi

vermenigvuldigen

heerregii

rekenen

xalayaa

letter

tarree qubee

alfabet

jecha

woord

kitaaba barataa

tekst

dubbisuu

Lezen

biroonkii

krijt

baruumsa

les

galmeessuu

klassenboek

qormaata

examen

raga barreeffamaa

certificaat

uffata mana baruumsaa

schooluniform

barnoota

onderwijs

insaaykiloopeediyaa

encyclopedie

yuunivarstii

universiteit

maaykiroos kooppii

microscoop

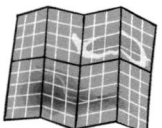

kaartaa

kaart

qircaata gatoo

papiermand

imala
reis

hoteela
hotel
Grand
hosteela
jeugdherberg
ROOMS
EXCHANGE
biiroo de cheenjee
wisselkantoor
shaanxaa kafanaa
koffer
konkolaataa
auto

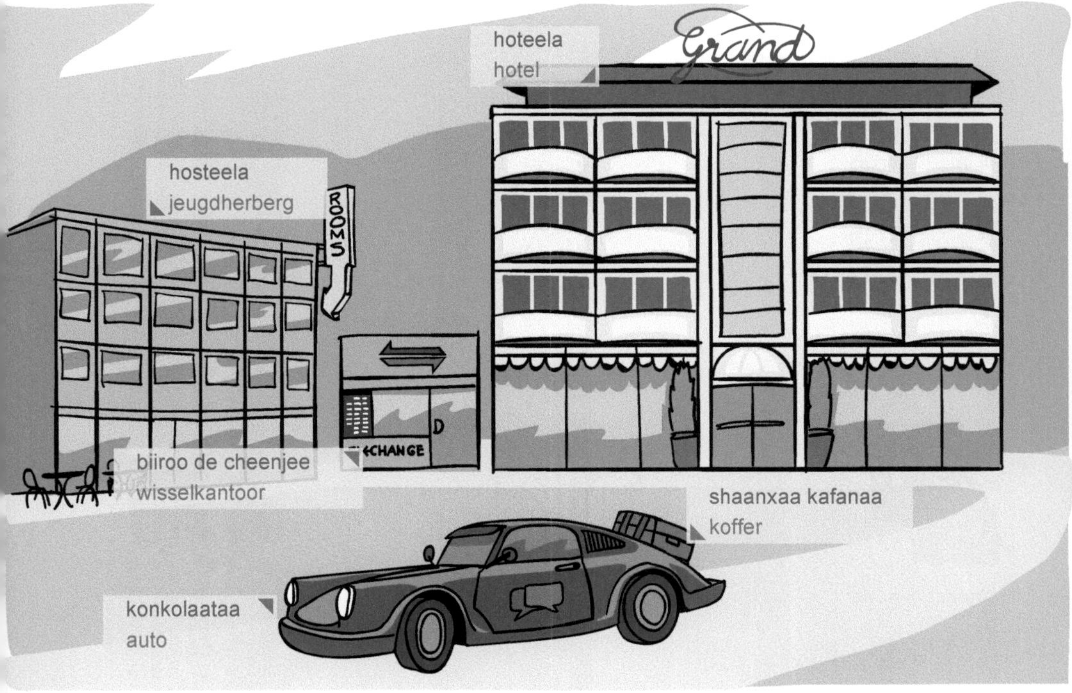

afaan

Taal

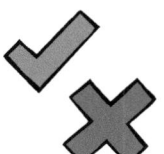

eyyeen / mitii

ja / nee

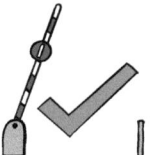

haa ta'u

oké

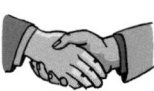

heloo

hallo

turjmaana

vertaler

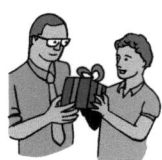

galatoomaa

bedankt

meeqa

Hoeveel kost …?

naaf hingalle

Ik begrijp het niet

rakkoo

probleem

akkam ooltan

Goedenavond!

akkam bultan?

Goedemorgen!

halkan gaarii

Goedenavond!

nagaatti nagaatti

Tot ziens

kallattii

richting

ba'aa imalaa

bagage

korojoo

zak

ba'aa dugdaa

rugzak

keessummaas

gast

kutaa

kamer

korojoo hirriibaa

slaapzak

dukkaana

tent

odeeffannoo turistii

toeristeninformatie

qarqara haroo

strand

kireedit kaardii

kredietkaart

ciree

ontbijt

laaqana

lunch

irbaata

avondeten

tikkeetii

ticket

liiftii

lift

chaappaa

postzegel

daangaa

grens

barmaatilee

douane

embaasii

ambassade

viizaa

visum

paasspoortii

paspoort

geejiba
transport

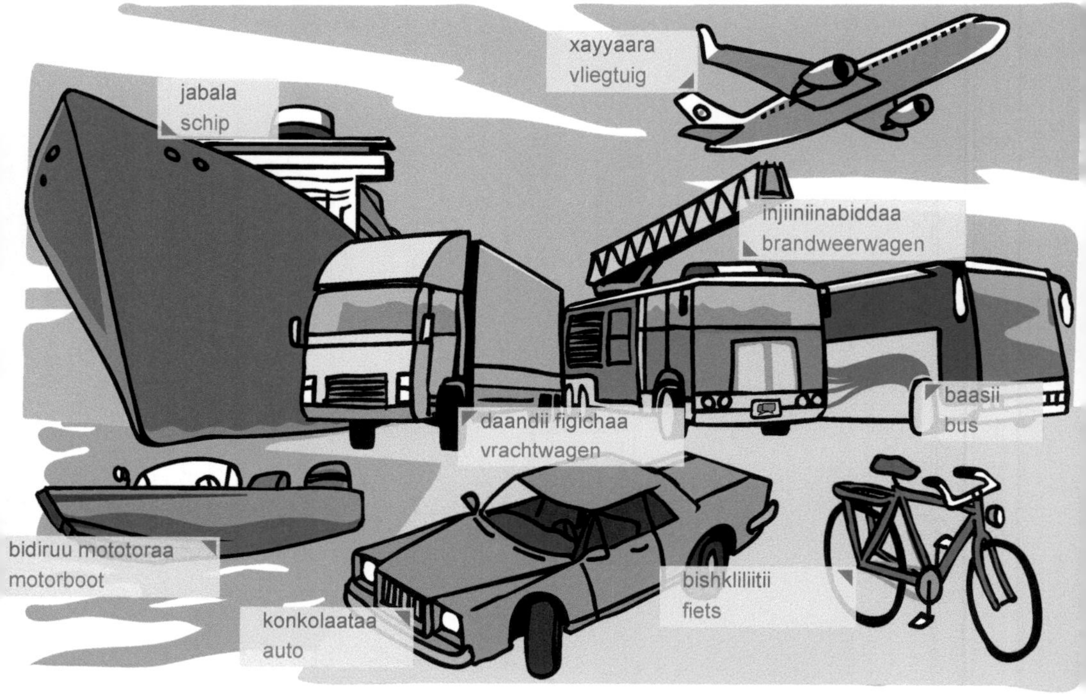

xayyaara
vliegtuig
jabala
schip
injiiniinabiddaa
brandweerwagen
baasii
bus
daandii figichaa
vrachtwagen
bidiruu mototoraa
motorboot
bishkliliitii
fiets
konkolaataa
auto

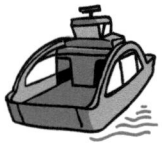

bidiruu deeddebii

veerboot

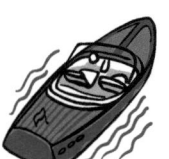

bidiruu

boot

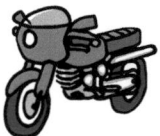

doqdoqqee

motor

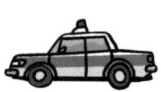

konkolaataa foolisaa

politiewagen

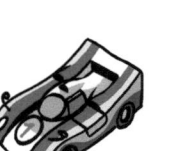

konkolaataa dorgommii

racewagen

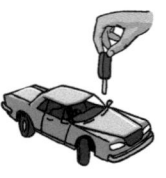

konkolaataa kiraa

huurauto

konkolataa waliin gahuu

carpoolen

marsaa boqqoonna

sleepwagen

daandii dhorkaa

vuilniswagen

motora

motor

boba'aa

benzine

buufata boba'aa

benzinestation

mallattoo tiraafikaa

verkeersbord

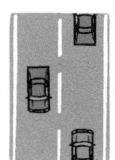

tiraafika

verkeer

cuccufaa daandii
konkolaataa

file

dhaabbii konkolaataa

parkeerplaats

buufata baburaa

station

konkolaataa guddaa

sporen

baabura

trein

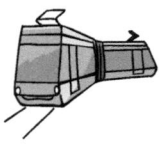

baabura eleektirikaa

tram

gaarii fardaa

wagon

helikooftara

helikopter

buufata xayyaaraa

luchthaven

qooxii

toren

keessummaa

passagier

konteenara

container

kaartunii

karton

gaarii

kar

qirccaata

mand

barrisuu / qubachuu

opstijgen / landen

magaalaa gudaa
stad

araddaa

dorp

handhuura magaalaa

stadscentrum

mana

huis

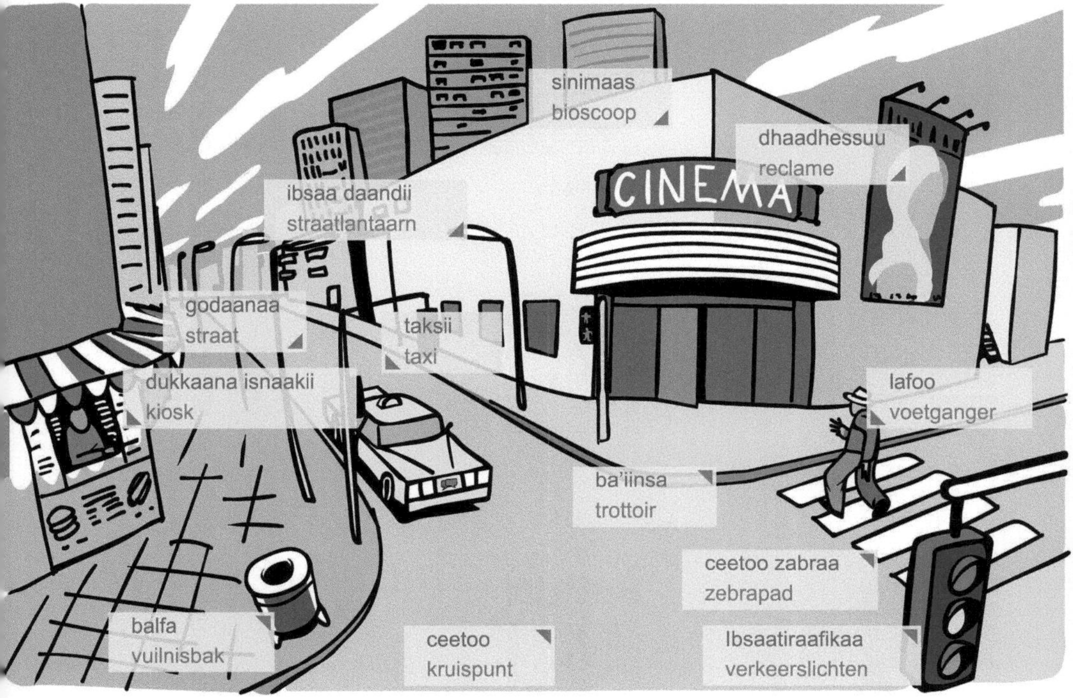

sinimaas
bioscoop

dhaadhessuu
reclame

ibsaa daandii
straatlantaarn

CINEMA

godaanaa
straat

taksii
taxi

dukkaana isnaakii
kiosk

lafoo
voetganger

ba'iinsa
trottoir

ceetoo zabraa
zebrapad

balfa
vuilnisbak

ceetoo
kruispunt

Ibsaatiraafikaa
verkeerslichten

godoo

hut

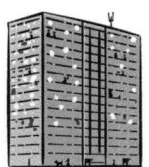

diriiraa

woning

buufata baburaa

station

galma magaalaa

stadshuis

muuziyeemii

museum

baruumsaa

school

yuunivarstii

universiteit

baankii

bank

hospitaala

ziekenhuis

hoteela

hotel

mana qorichaa

apotheek

waajjira

kantoor

dukkana kitaabaa

boekwinkel

dukkaana

winkel

gurgurtuu abaabo

bloemenwinkel

suppar maarkeetii

supermarkt

gabaa

markt

kuusaa dame

warenhuis

kiyyeessituu qurxxummii

vishandelaar

giddu gala gabaa

winkelcentrum

buufata galaanaa

haven

magaalaa gudaa - stad

paarkii

park

tessoo dalgee

bank

riqica

brug

sibsaabii

trap

Lafa jala

metro

holqa

tunnel

buufata konkolaataa

bushalte

baarii

bar

mana nyaataa

restaurant

saanduqa poostaa

brievenbus

mallattoodaandii

straatnaambord

idoo dhaabbii konkolaataa

parkeermeter

dallaa beeladaa

zoo

haroo daakkaa

zwembad

masgiida

moskee

qonna

boerderij

faalama

milieuverontreiniging

iddoo awwaalchaa

kerkhof

charchii

kerk

dirree taphaa

speelplaats

siidaa

tempel

teechuma lafaa
landschap

baala
blad

maxxansa beeksiisaa
wegwijzer

karaa
weg

huruufa magariisa
weide

dhakaa
steen

nama lafoo deemu
wandelaar

muka
boom

laga
rivier

mrga
gras

abaaboo
bloem

sulula

vallei

tabba

heuvel

hara

meer

bosona

bos

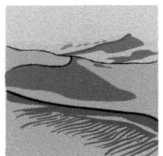

gammoojjii oo;aa

woestijn

dhooyinsalafaa

vulkaan

masaraa

kasteel

sabbata waaqqaa

regenboog

jaarsa marqoo

paddenstoel

muka teemiraa

palmboom

bookee busaa

mug

balali'uu

vlieg

mixii

mier

kanniisa

bijl

sarariitii

spin

boombii

kever

hurrii

kikker

shikookkoo

eekhoorn

xaddee

egel

beelada illeentii fakkaatu

haas

jajuu

uil

simbira

vogel

daakkiyyee

zwaan

ifaannaa

wild zwijn

godaa

hert

godaa ameerikaatti argamu

eland

riqicha

dam

tarbaayinii buubbee

windturbine

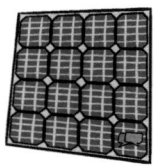

panaalii soolaarii

zonnepaneel

haala qilleensaa

klimaat

mana nyaataa
restaurant

keessummeessaa
ober
meenuu
menu
teessoo
stoel
saamunaa
soep
piizaa
pizza
katlarii
bestek
uffata minjaalaa
tafelkleed

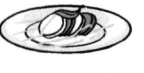

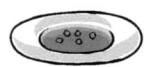

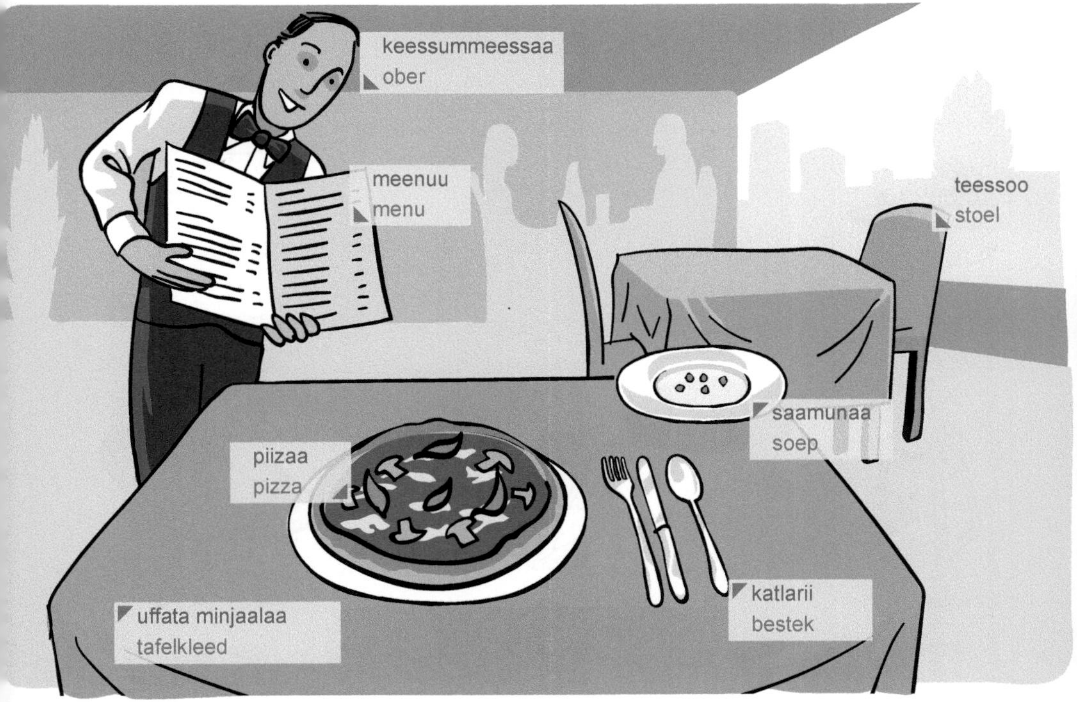

calqabsiisaa
voorgerecht

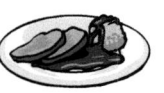

madda muummee
hoofdgerecht

deezaartii
nagerecht

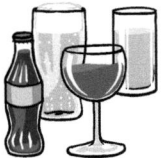

dhugaatii
drankjes

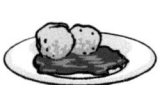

nyaata
eten

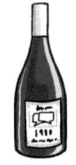

qaruuraa
fles

nyaata qophaa'aa

fastfood

nyaata karaa irraa

street food

markajii shaayii

theepot

qodaa shukkaaraa

suikerpot

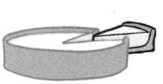

uwwisa

portie

maashina espereessoo

espressomachine

teessoo ol ka'aa

kinderstoel

nagahee

rekening

tirii

dienblad

hlbee

mes

shuukkaa

vork

fal'aana

lepel

fal'aana shaayii

theelepel

uffrata minjaala nyaataa

serviette

burcuqqoo

glas

diiriiraa

bord

teessoo saamunaa

soepbord

teessoo siinii

schoteltje

sugoo

saus

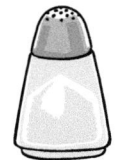

qodaa sooqiddaa

zoutvatje

daaktuu barbaree

pepermolen

hadhooftuu

azijn

zayita

olie

qimamii

kruiden

kachappii

ketchup

sanaafica

mosterd

maaynoneezii

mayonaise

suppar maarkeetii
supermarkt

kenaa addaa
aanbieding
FOR
maamila
klant
oomish aannanii
zuivelproducten
fuduraa
fruit
baabura eelektirikaa
winkelwagen

BUTCHERS

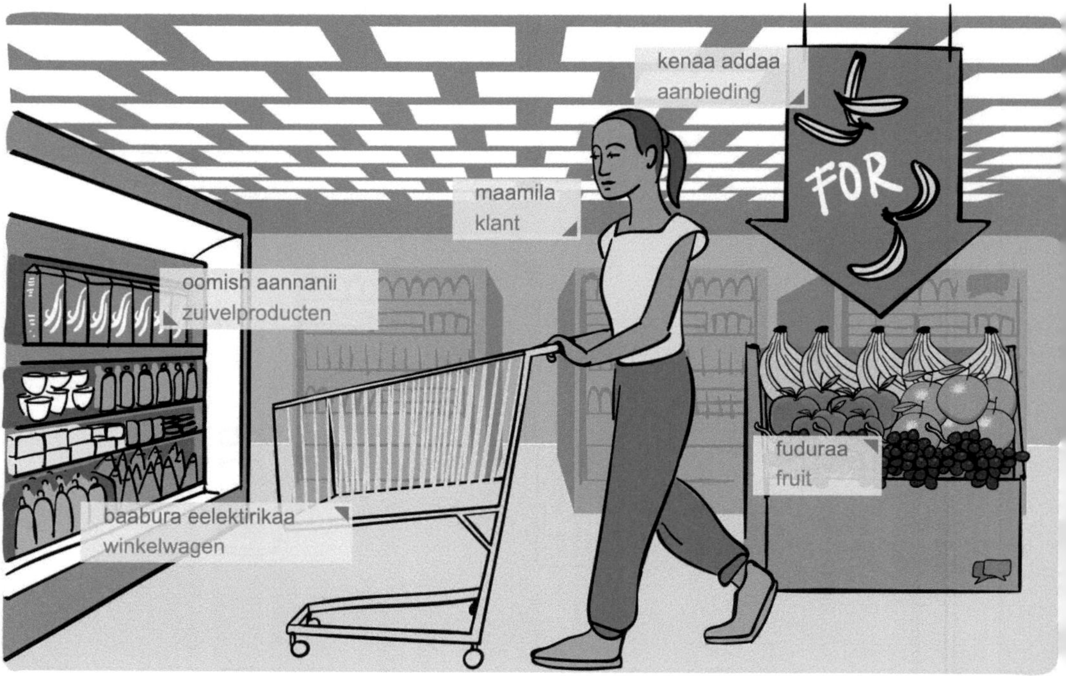

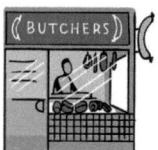

mana foonii

slagerij

BAKERY

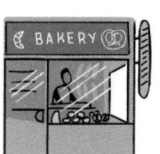

tolchituu

bakkerij

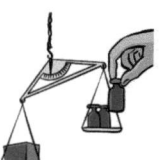

ulfaatina safaruu

wegen

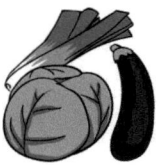

kuduraa

groenten

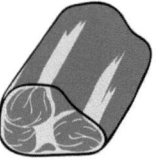

foon

vlees

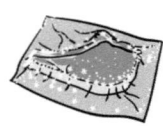

nyaataqorraa

diepvriesvoedsel

foon qorraa

charcuterie

nyaata samsmaa

conserven

oomoo

waspoeder

mi'aawaa

snoep

oomisha meeshaa manaa

huishoudproducten

bu'aa qulqulleessuu

schoonmaakproducten

nama gurgurtaa

verkoopster

hanga

kassa

qarshi qabduu

kassier

taree gabaa

boodschappenlijstje

sa'aatii baniinsaas

openingstijden

krojoo qarshii kan dhiiraa

portefeuille

kireedit kaardii

kredietkaart

korojoo

tas

korojoo pilaastikaa

plastieken zakje

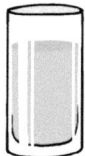

bishaan

water

cuunfaa

sap

aannani

melk

kookii

cola

wayinii

wijn

biiraa

bier

alkoolii

alcohol

kookaa

cacao

shaayii

thee

buna

koffie

espereesso

espresso

kaappuchuunoo

cappuccino

muuzii

banaan

aappilii

appel

burtukaana

sinaasappel

meeloonii

meloen

loomii

citroen

kaarotii

wortel

qullubbii adii

knoflook

leemmana

bamboe

qullubbii

ajuin

jaarsa marqoo

champignon

godoo

noten

gowwaa

noodles

ispaageetii

spaghetti

ruuza

rijst

salaaxaa

salade

chiipsii

frieten

moose affeelamaa

gebakken aardappelen

piizaa

pizza

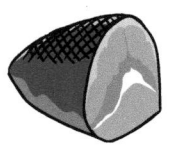

hmbargarii

hamburger

saanduchii

sandwich

kotaleetii

kalfslapje

foon booyyee kan luka
fuuiduraa

ham

nyaata mi'eessituu fi
sooggiddan sukkummame

salami

sausage

worst

lukuu

kip

waaddii

braden

qurxummii

vis

bulluqa aajjaa

havervlokken

masliis

muesli

fandishaa

cornflakes

daakuu

bloem

kiroosantii

croissant

daabboo-

pistolet

daabboo

brood

dabboo oo'aa

toast

buskuuta

koekjes

dhadhaa

boter

itittuu

kwark

keekii

taart

buuphaa

ei

buuphaa affeelamaa

spiegelei

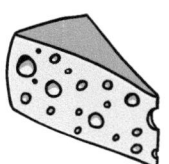

ayibii

kaas

aays kireemii

ijs

shukkaara

suiker

damma

honing

marmaalaataa

confituur

chokkoleetii bittinnaa'aa

choco

kuurii

curry

qonna
boerderij

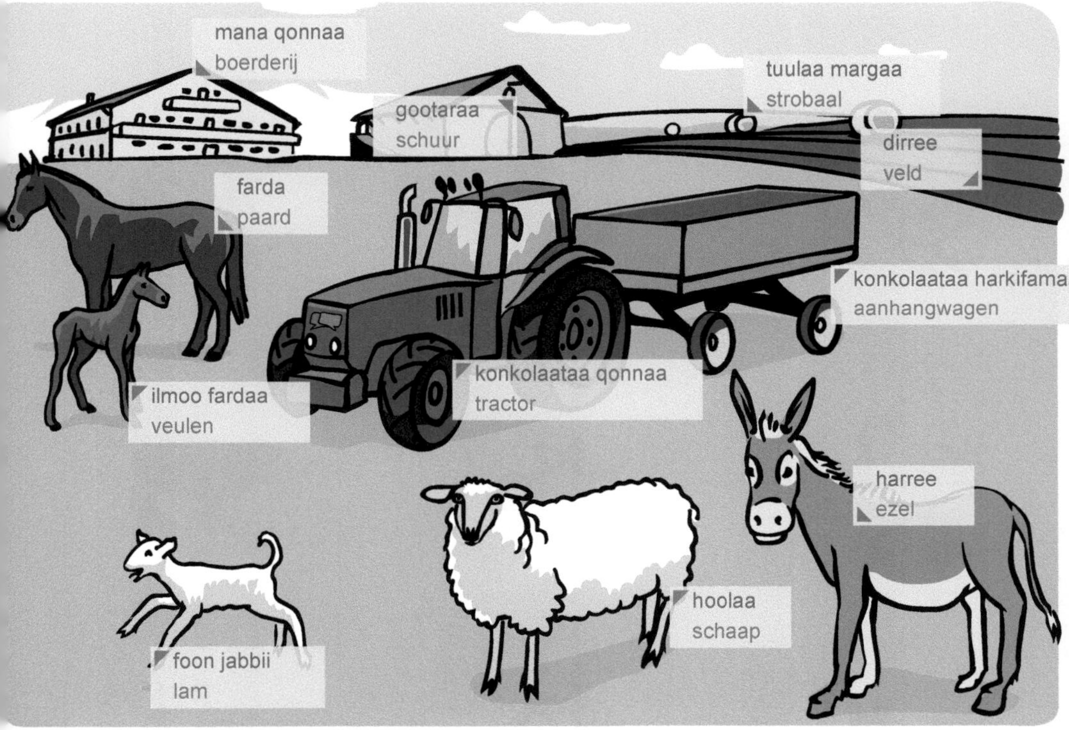

mana qonnaa
boerderij
gootaraa
schuur
tuulaa margaa
strobaal
dirree
veld
farda
paard
konkolaataa harkifamaa
aanhangwagen
ilmoo fardaa
veulen
konkolaataa qonnaa
tractor
harree
ezel
hoolaa
schaap
foon jabbii
lam

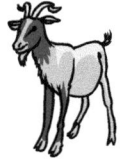

ra'ee

geit

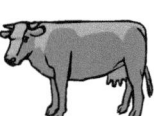

sa'a

koe

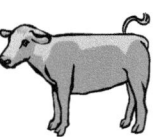

jabbilee

kalf

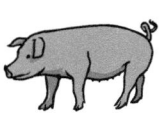

booyyee

varken

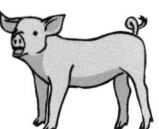

ilmoo booyyee

biggetje

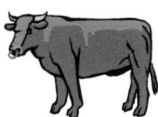

korma

stier

ziyyee

gans

daakkiyyee

eend

lukkuu

kuiken

lukkuu haadhoo

kip

lukkuu kormaa

haan

hantuuta

rat

adurree

kat

hantuuta goodaa

muis

qotiyyoo

os

saree

hond

mana saree

hondenhok

ujjummoo oddoo

tuinslang

kan ittin bishaan obaasan

gieter

haamtuu dheeraa

zeis

qotuu

ploeg

haamtuu

sikkel

gasoo

schoffel

manshii

hooivork

qotoo

bijl

gaarii goommaa

kruiwagen

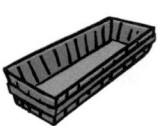

suluula

trog

meeshaa aannanii

melkkan

keeshaa

zak

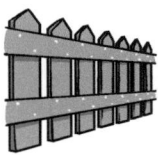

dallaa

hek

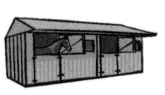

tasgabbii

stal

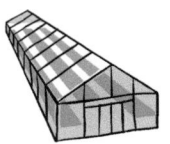

mana biqiltuu

broeikas

biyyee

bodem

sanyii

zaad

dachee gabbistuu

mest

kmbaayinara haamaa

maaidorser

haamuu

oogsten

haamuu

oogst

biqiltuu hundeen isaa nyaatamu

yam

qamadii

tarwe

sooy

soja

moose

aardappel

boqqoolloo

maïs

raappii siidii

koolzaad

muka fudraa

fruitboom

kzaavaa

maniok

midhaan biilaa

graan

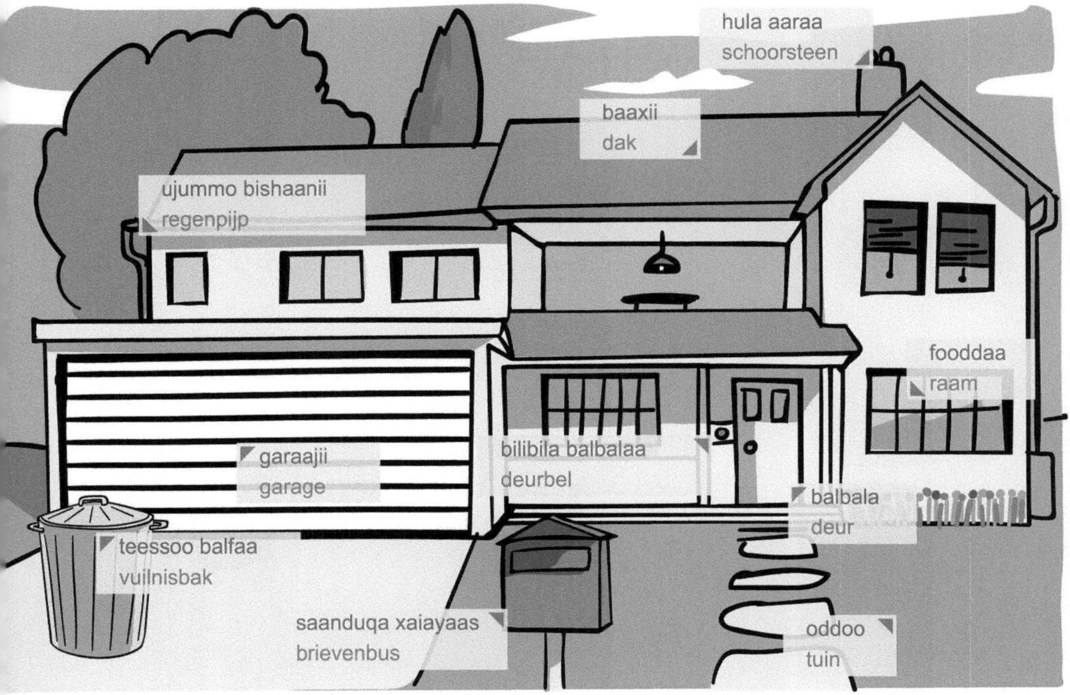

hula aaraa
schoorsteen

baaxii
dak

ujummo bishaanii
regenpijp

fooddaa
raam

garaajii
garage

bilibila balbalaa
deurbel

balbala
deur

teessoo balfaa
vuilnisbak

saanduqa xaiayaas
brievenbus

oddoo
tuin

kutaa jireenyaa

woonkamer

kutaa dhiqannaa

badkamer

mana bilcheessaa

keuken

kutaa ciisichaa

slaapkamer

kutaa ijoollee

kinderkamer

kutaa nyaataa

eetkamer

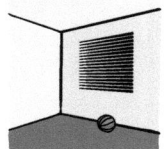

lafa

vloer

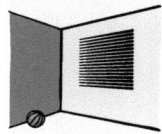

ededaa

muur

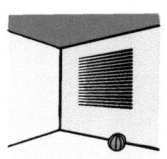

baaxii

plafond

seelaarii

kelder

saawunaa

sauna

baankoonii

balkon

madaba

terras

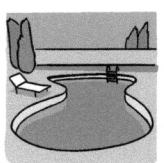

puulii

zwembad

konkoolaataa haamaa

grasmaaier

ansoolaa

dekbedovertrek

uffata siree

dekbed

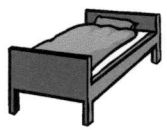

siree

bed

hartuu

bezem

baaldii

emmer

cufuu

schakelaar

kutaa jireenyaa

woonkamer

wolpeepparii
behangpapier
fakkii
foto
foon hoolaa
lamp
masalangaa
schap
kaappi boordiis
kast
tleviszinii
televisie
midijjaa
open haard
abaaboo
bloem
boraatiii
kussen
soofaa
sofa
tessoo abaaboo
vaas
too'attuu halaalaa
afstandsbediening

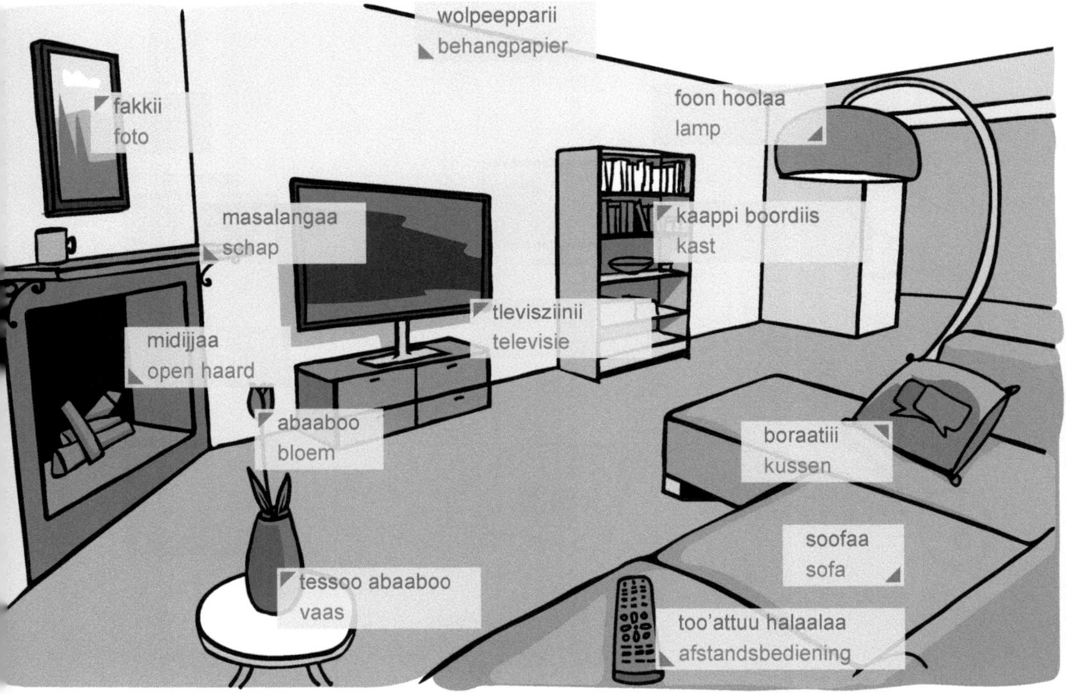

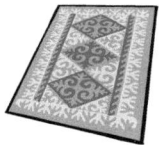

afata

mat

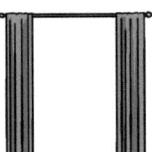

golgaa

gordijn

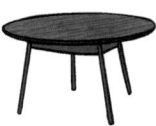

minjaala

tafel

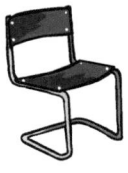

teessoo

stoel

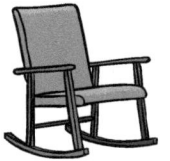

teessoo rarra'aa

schommelstoel

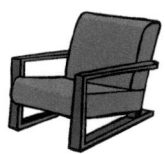

teesoo ciqilffannaa

fauteuil

kitaaba
boek

uffata qorraa
deken

midhagina
decoratie

muka qoraanii
brandhout

fiilmii
film

meeshaa
stereo-installatie

furtuu
sleutel

gaazexaa
krant

dibuu
schilderij

barjaa
poster

reedyoonii
radio

daftara yaadanoo
notitieboekje

meeshaa eeleektirikaa afata
qulqulleessu
stofzuiger

laaftoo
cactus

dungoo
kaars

mana bilcheessaa
keuken

firiijii
koelkast
midijjaa maayikirooweevii
microgolfoven
meeshaa bilcheessaa
keukenweegschaal
waaddituu
broodrooster
saaunaa
afwasmiddel
midijjaa
oven
qabbaneessitu
vriesvak
teessoo balfaa
vuilnisbak
saafaa
vaatwasmachine

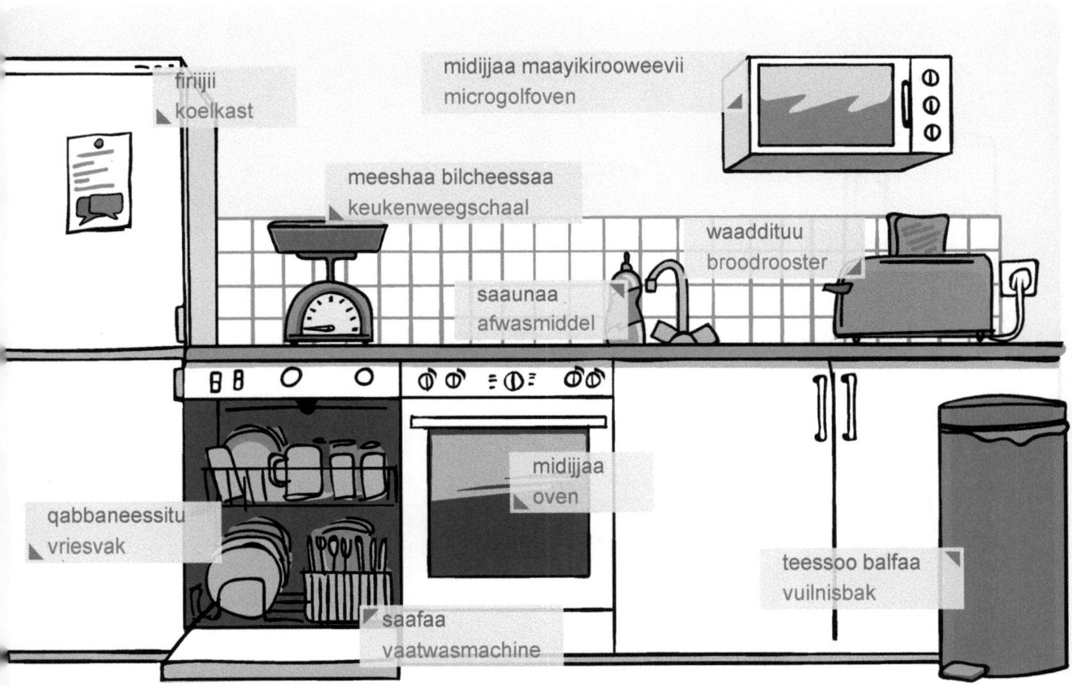

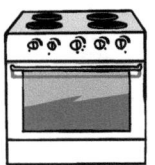

bilcheesssituu

fornuis

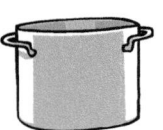

okkotee

pot

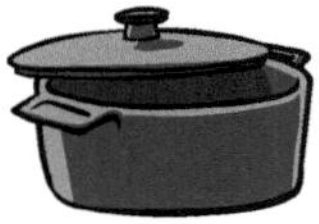

cast-iron pot

gietijzeren pot

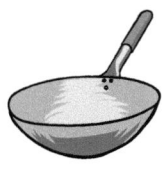

sataatee

wok / kadai

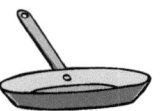

waaddituu

pan

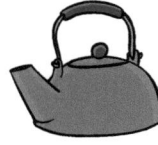

markajii

waterkoker

jabala humna urkaa

stoomkoker

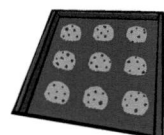

tirii bilcheessaa

bakplaat

bantuu qaruuraa

servies

geeba

mok

sayinaa

kom

dibata hidhii

eetstokjes

cilfaa

pollepel

shuukkaa

spatel

areeda aduurree

garde

dhimbiibduu

vergiet

gingilchaa

zeef

meeshaa farfartuu

rasp

mooyyee

mortier

waadii abiddaa

barbecue

midijjaa

haardvuur

maktafiyaa

snijplank

martuu

deegrol

bantuu qaruuraa

kurkentrekker

danda'uu

blik

banuu danda'uu

blikopener

teesoo okkotee

pannenlap

lixuu

gootsteen

buruushii

borstel

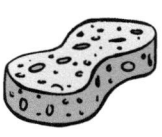

ispoonjii

spons

meeshaa waliin makaa

blender

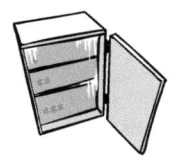

qabbaneessaa guddaa

vriezer

xuuxxoo

papfles

ujjuummoo

kraan

kutaa dhiqannaa

badkamer

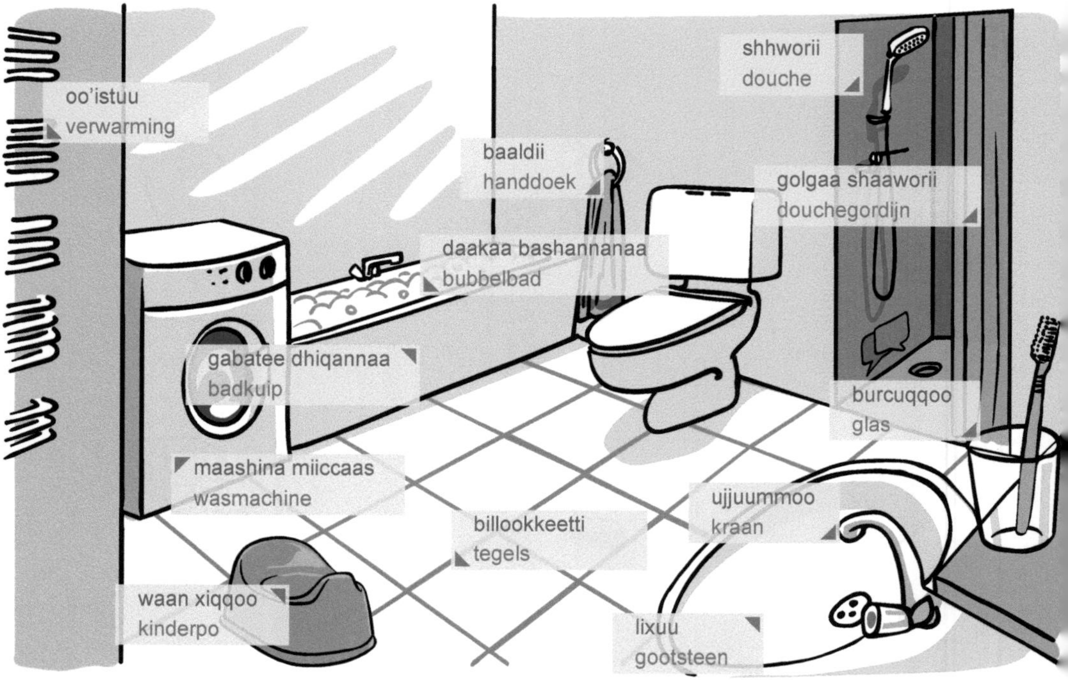
oo'istuu
verwarming
shhworii
douche
baaldii
handdoek
golgaa shaaworii
douchegordijn
daakaa bashannanaa
bubbelbad
gabatee dhiqannaa
badkuip
burcuqqoo
glas
maashina miiccaas
wasmachine
ujjuummoo
kraan
billookkeetti
tegels
waan xiqqoo
kinderpo
lixuu
gootsteen

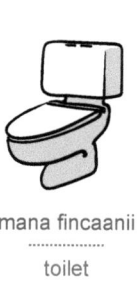

mana fincaanii

toilet

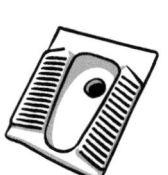

mana fincaanii taa'e

hurktoilet

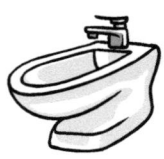

saafaa

bidet

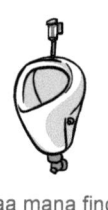

sahiinaa mana fincaanii

urinoir

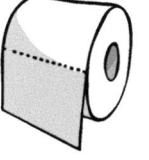

sooftii

toiletpapier

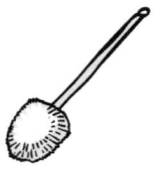

burusha mana fincaanii

toiletborstel

buruushii ilkaanii

tandenborstel

saamunaa ilkaanii

tandpasta

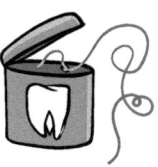

soqxuu ilkaanii

flosdraad

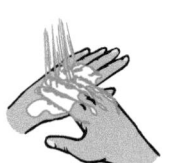

dhiquu

wassen

qaama dhiqannaa aadaa

handdouche

kan dach

bidethanddouche

sulula

waskom

mana dhiqataa

rugborstel

saamunaa

zeep

dibata dhiqannaa boodaa

douchegel

shaampuu

shampoo

jejuu

washandje

gogsuu

afvoer

kireemii

crème

dodoraantii

deodorant

daawitii

spiegel

daawitii hrkaa

handspiegel

milaacii

scheermes

dibata areedaas

scheerschuim

diibata areedaa

aftershave

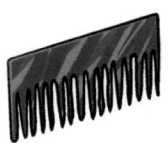

filaa

kam

burusha

borstel

qoorsituu rifeensaa

haardroger

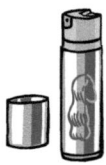

hafuuftuu rifeensaa

haarlak

meekaappii

make-up

lippistiikii

lippenstift

qeessa muculiksituu

nagellak

jirbii

watten

murtuu qeessa

nagelknipper

shittoo

parfum

korojoo dhiqannaa

toilettas

gatteechuma

kruk

iskeelii ulfaatinaa

weegschaal

uffata dhiqannaa

badjas

guwaantii pilaastikaa

latex handschoenen

moodesii

tampon

fooxaa qulquulinaa

maandverband

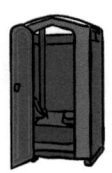

keemikaala mana fincaanii

chemisch toilet

kutaa ijoollee
kinderkamer

sa'aatii alaarmii
wekker
Eebbiyyoo Hammatamu
knuffel
konkolaatt ijollee
speelgoedauto
hasaasuu
rammelaar
mana eebbiyyo
poppenhuis
jira
geschenk

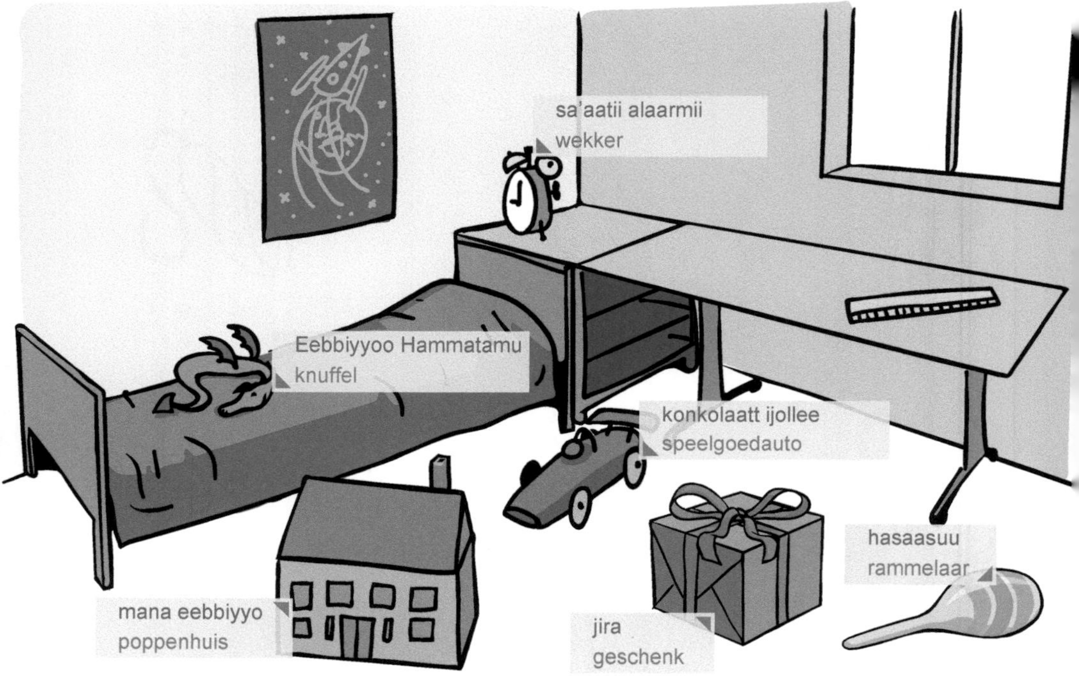

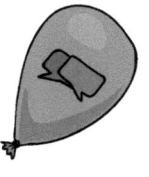

baaloonii

ballon

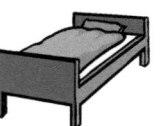

siree

bed

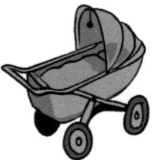

gaarii daa'imaa

kinderwagen

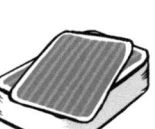

Minjaala Kaardii

spel kaarten

akaafaa

puzzel

SUPER
MEGA

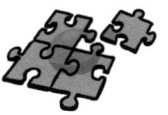

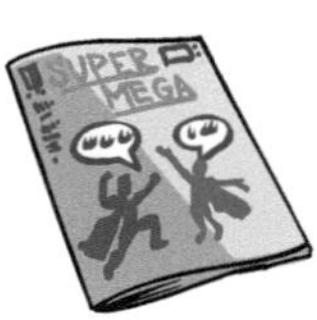

kofalchiisaa

stripboek

lego bricks

legoblokjes

dlookii ijaarsaa

blokken

lakkofsa gochaa

actiefiguur

guddina daa'imaa

kruippakje

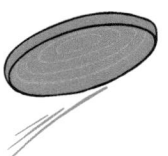

saahinaa taphaa

frisbee

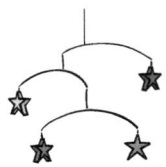

mobaayilii

mobiel

gabatee taphaa

bordspel

kuubii lakk. 1-6 qabu

dobbelsteen

teessuma leenji'aa
modeelaa

modelspoorweg

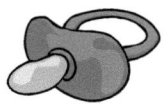

fakkii

fopspeen

afeerrii

feest

kitaaba fakii

prentenboek

kubbaa

bal

eebiyyoo

pop

tapha

spelen

boolla cirrachaa
zandbak

hodhuu
schommel

eebbiyyoo
speelgoed

konsoli tapha viidyoo
spelconsole

marsaa sadii
driewieler

eebiyyo hammatamtu
knuffelbeer

sanduqaa dhaabbii
kleerkast

cuufinsa
kleding

kaalsii
sokken

istookingii
kousen

taayitii
maillot

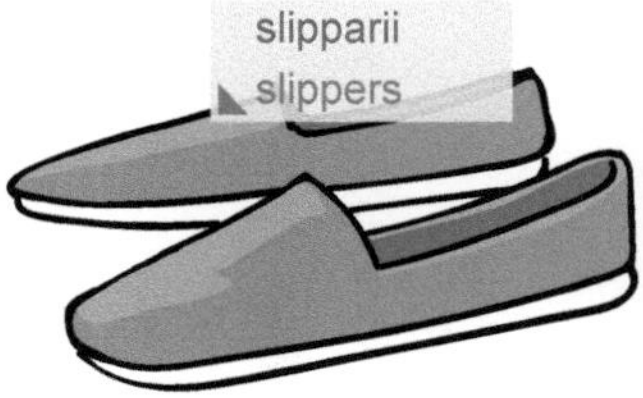

guftaa
sjaal

qabattoo
riem

dibaaboo
paraplu

qomee
T-shirt

leenjitoota
sneakers

bidiruuwwan
laarzen

slipparii
slippers

kophee banaa
·················
sandalen

kophee
·················
schoenen

bidiruu pilaastikaa
·················
rubberlaarzen

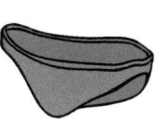

butaantaa
·················
onderbroek

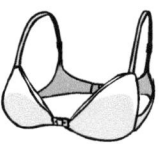

harmaa
·················
beha

sadariyyaa
·················
onderhemd

qaama

lichaam

kofoo dheeraa

broek

jiinsii

jeans

dalgee

rok

shamiza

blouse

shurraaba

hemd

shurraaba

trui

haaguuggii jaakkeettii

capuchontrui

yuunifoormii

blazer

jaakkeettii

jas

kootii

jas

kafana roobaa

regenjas

barsuma

kostuum

wandaboo

jurk

kafana gaa'ilaa

trouwjurk

kafana guutuu

pak

uffata halkanii

nachthemd

bijaamaa

pyjama

wandaboo hindii

sari

guftaa

hoofddoek

marata

tulband

burqaa

boerka

jalabiyyaa

kaftan

abaya

abaya

kafana daakkaa

badpak

mudhii

zwembroek

kofoo gabaabaa

short

kafanafgichaa

trainingspak

appiroonii

schort

guwwaantii

handschoenen

furtuu

knoop

burcuqqoowwan

bril

gumee

armband

amartii

ketting

qubeelaa

ring

glii

oorbel

geeba

pet

fanoo kootii

kapstok

qoobii

hoed

karbaata

das

ziippii

rits

heelmeetii

helm

collee

bretellen

uffata mana baruumsaa

schooluniform

yuunifoormii

uniform

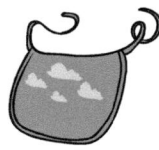

kafana gorooraa

slabbetje

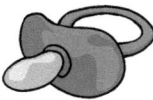

fakkii

fopspeen

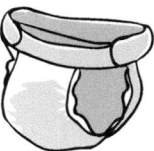

naappii

luier

waajjira
kantoor

sarvarii
server
faayil kaabineetii
dossierkast
piriintarii
printer
warqaa
papier
moonitarii
monitor
maawzii
muis
minjaala
bureau
fooldarii
map
kiiboordii
toestenbord
qircaata gatoo
papiermand
kompitara
computer
teessoo
stoel

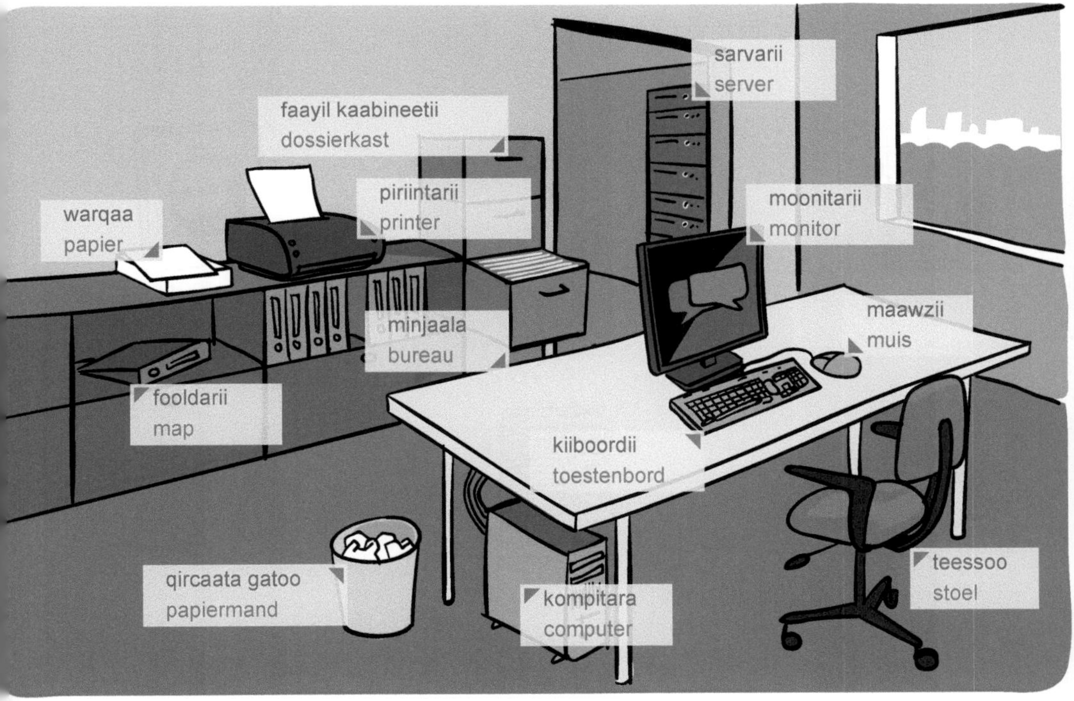

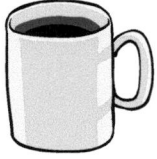

siinii bunaa

koffiemok

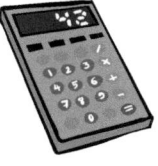

herregduu

rekenmachine

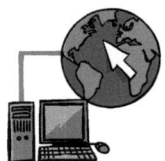

intarneetii

internet

lab tooppii

laptop

xalaya

brief

ergaa

bericht

mobbyilii

gsm

neetwoorkii

netwerk

maashina footokoppii

kopieerapparaat

sooft weerii

software

bilbila

telefoon

sookkeetii suuqii

stopcontact

maashina faaksiis

fax

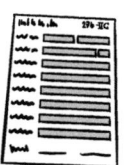

uunkaa

formulier

dookimantii

document

bituu

kopen

kafaluu

betalen

daldaluu

handelen

qarshii

geld

doolaara

dollar

yuroou

euro

yen

yen

ruubilii

roebel

Farankaa swwiz

Zwitserse frank

yuwaanii reenmiinbii

Chinese renminbi

ruuppee

roepie

kaash pooyintii

geldautomaat

biiroo de cheenjee

wisselkantoor

warqee

goud

meeta

zilver

zayita

olie

human

energie

gatii

prijs

koontiraata

contract

taaksii

belasting

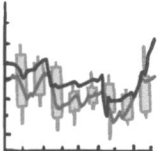

shaqaxa

aandeel

hojjechuu

werken

qacaramaa

werknemer

qacaraa

werkgever

faabrikaas

fabriek

dukkaana

winkel

qondaala foolisii
politieagent

hojetaa balaa abiddaa
brandweerman

bilcheessituu
kok

doktora
dokter

paayileetii
piloot

waardiyyaa

tuinman

ogeessa mukaa

timmerman

ooftuu jabalaa

naaister

abbaa seeraa

rechter

keemistii

chemicus

ta'aa

acteur

konkolaachisaa

buschauffeur

konkolaachisaataaksii

taxichauffeur

qurxumii kiyyeessaa

visser

qulqulleessituu

schoonmaakster

hojetaa baaxii

dakdekker

keessummeessaa

ober

adamisituus

jager

halluu dibduu

schilder

tolchituu

bakker

elektrishaana

elektricien

ijaaraa

bouwvakker

injinara

ingenieur

mana foonii

slager

hjjetaa ujummoo

loodgieter

poostaa geessituu

postbode

raayyaa

soldaat

arkteektii

architect

qarshi qabduu

kassier

abaaboo gurgurtuu

bloemist

dabbasaa murtuu

kapper

kondaaktara

conducteur

makaanika

mecanicien

kaappiteenii

kapitein

hakiima ilkee

tandarts

saayntiistii

wetenschapper

rabbi

rabbijn

imaama

imam

moloskee

monnik

luba

geestelijke

meeshaalee
werktuigen

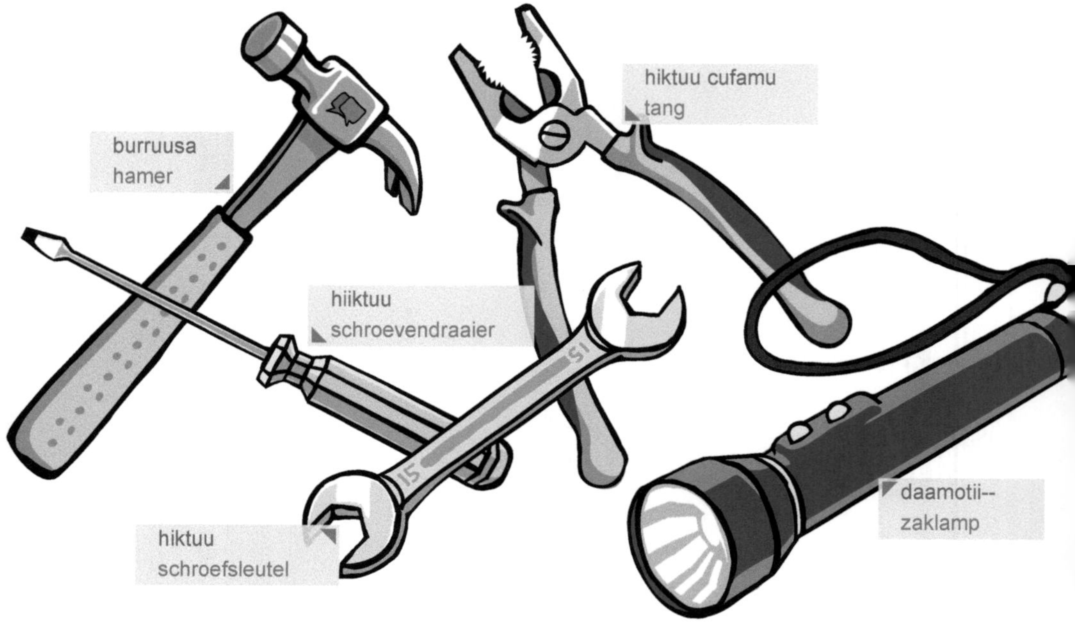

burruusa
hamer
hiktuu cufamu
tang
hiiktuu
schroevendraaier
hiktuu
schroefsleutel
daamotii--
zaklamp

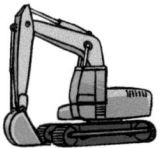

gasoo
graafmachine

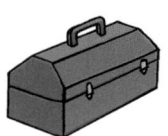

saanduqa meeshhalee
gereedschapskoffer

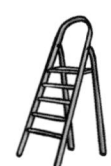

kortoo
ladder

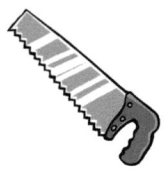

magaazii
zaag

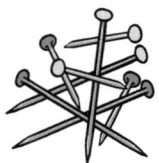

bismaara
spijkers

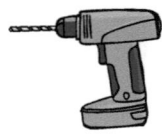

diriilii
boormachine

suphuu
....
repareren

akaafaa
....
schop

dhaabi
....
Verdomme!

gataa balfaa
....
blik

qodaa haalluu
....
verfpot

hiktuu
....
schroeven

meeshaalee muuziqaa
muziekinstrumenten

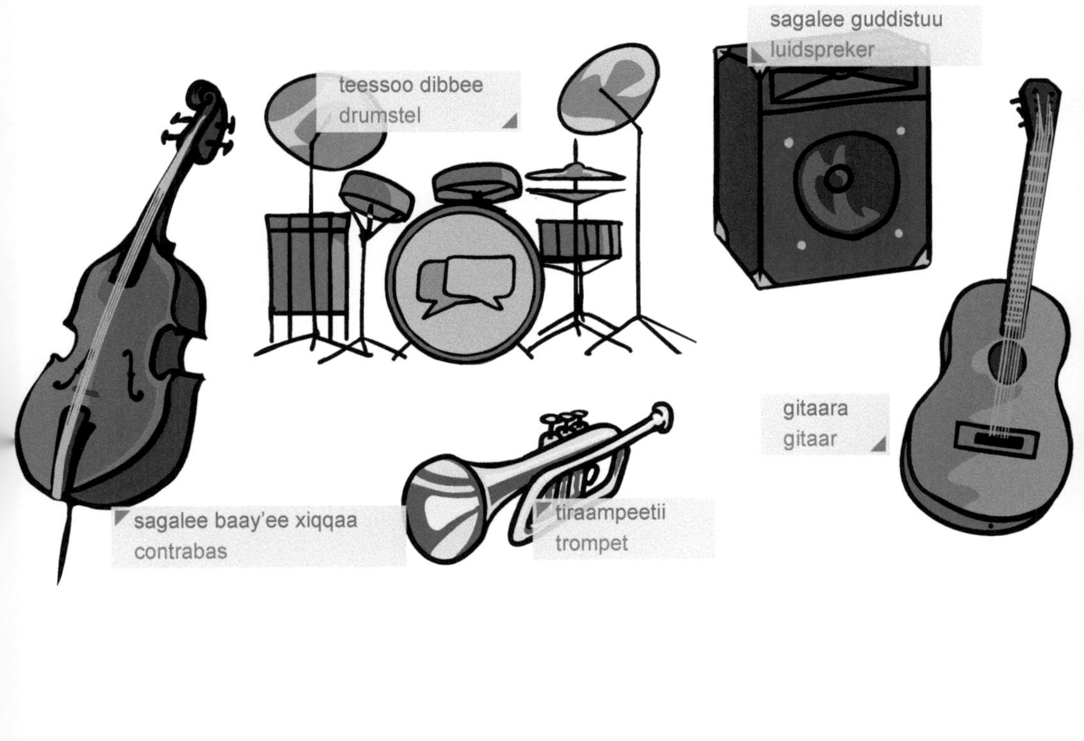

teessoo dibbee
drumstel

sagalee guddistuu
luidspreker

gitaara
gitaar

sagalee baay'ee xiqqaa
contrabas

tiraampeetii
trompet

piyaanoo

piano

vaayoolinii

viool

sagalee xiqqaa

basgitaar

timpaanii

pauk

dibbee

trommels

kiiboordii

keyboard

saaksi foona

saxofoon

ulullee

fluit

may craafoona

microfoon

dallaa beeladaa

zoo

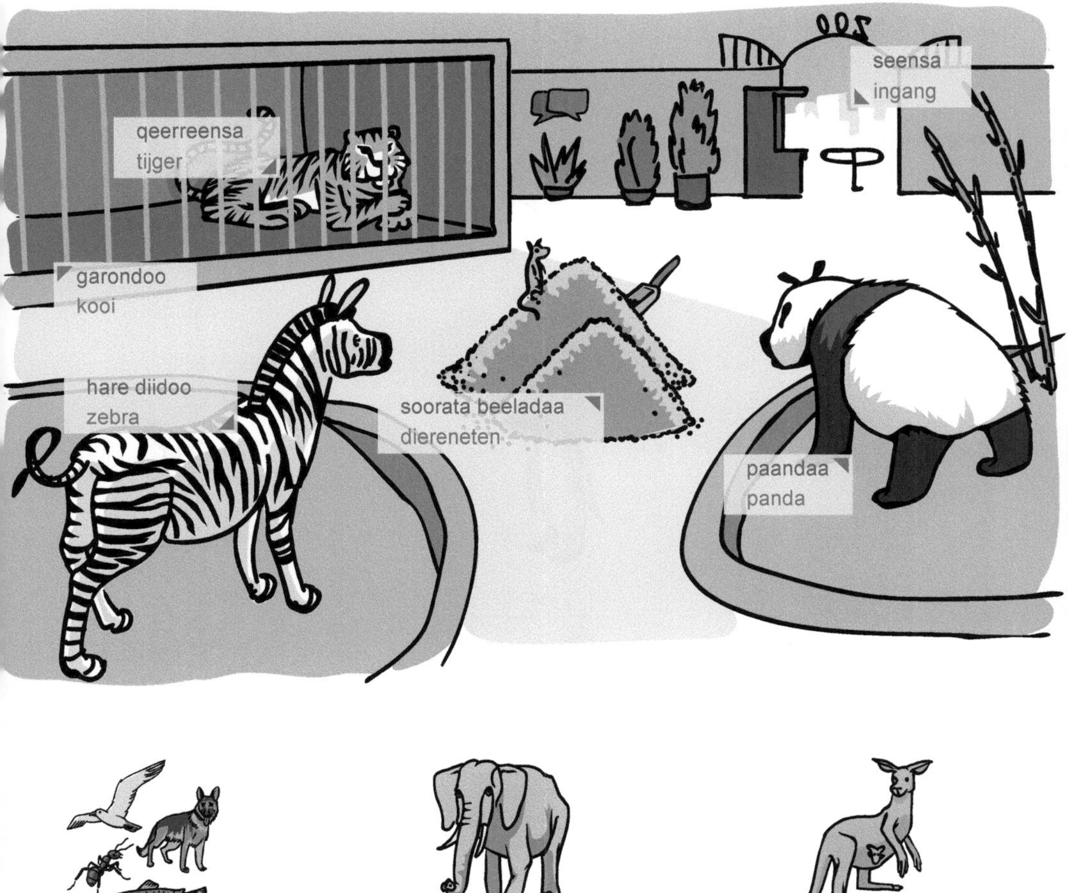

zoo
seensa
ingang
qeerreensa
tijger
garondoo
kooi
hare diidoo
zebra
soorata beeladaa
diereneten
paandaa
panda

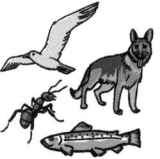

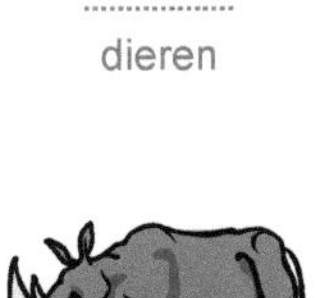

beeladoota

dieren

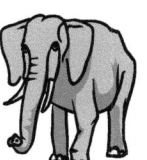

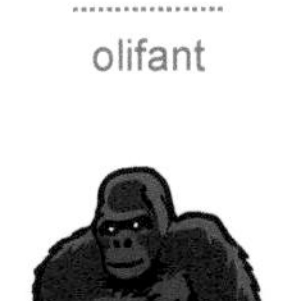

arba

olifant

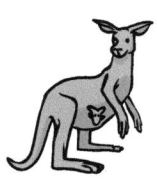

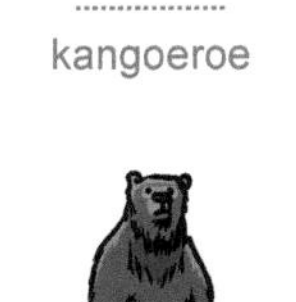

kaangaaroo

kangoeroe

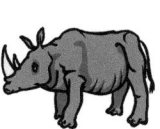

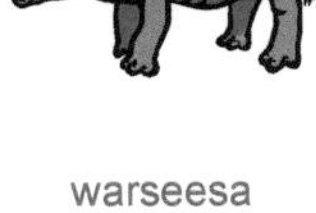

warseesa

neushoorn

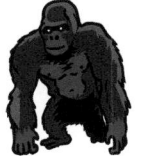

jaldeessa guddaa

gorilla

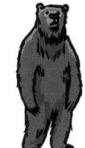

godaa

beer

gala

kameel

guchii

struisvogel

leenca

leeuw

jaldeessa

aap

fiilaamingoo

flamingo

simbira dubbattu

papegaai

diibii poolarii

ijsbeer

peengyuunii

pinguïn

shaarkii

haai

piikookii

pauw

bofa

slang

qocaa

krokodil

eegaa zoo

dierenverzorger

chaappaa

zeehond

sanyii qeerensaa

jaguar

farda gabaabduu

pony

sanyii qeerrensaa

luipaard

roobii

nijlpaard

sattaawwaa

giraffe

culullee

adelaar

ifaannaa

wild zwijn

qurxummii

vis

qocaa galaanaa

zeeschildpad

beelada bishaan keessaa

walrus

sardiida

vos

godaa

gazelle

kubbaa miilaa ameerikaa
rugby

dargmmii bishkilileettaa
wielrennen

teenisa
tennis

kubba kaachoo
basketbal

bishaan daakkaa
zwemmen

sigigoo cabbie
ijshockey

aboottoo
boksen

kubbaa miilaa
voetbal

baadmentanii
badminton

atileetii
atletiek

kubba harkaa
handbal

skiing
skiën

pooloo
polo

sochii
activiteiten

kolfa
lachen
utaalcha
springen
hammachuu
knuffelen
deemuu
wandelen
sirbuu
zingen
abjuu
dromen
kadhannaa
bidden
dhungoo
kussen

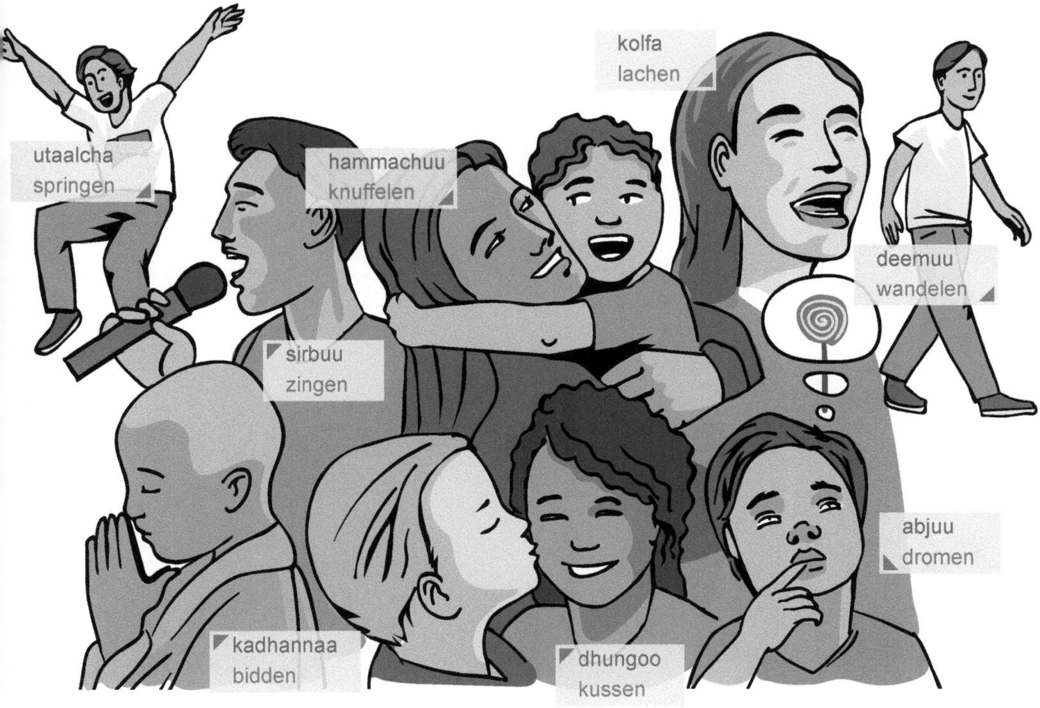

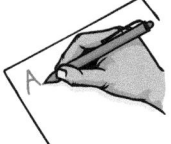

barreessuu

schrijven

fakkii kaasuu

tekenen

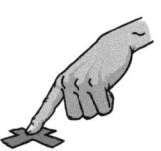

agrsiisuu

tonen

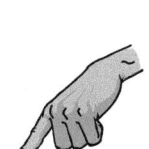

dhiibuu

duwen

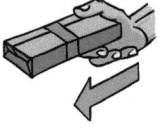

kennuu

geven

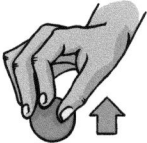

fudhachuu

nemen

qabaachuu

hebben

gochuu

doen

ta'uu

zijn

dhaabbachuu

staan

kaachuu

lopen

harkisuu

trekken

darbachuu

gooien

kufuu

vallen

soba

liggen

eeguu

wachten

baachuus

dragen

taa'uu

zitten

uffachuu

aankleden

rafuu

slapen

dammaquu

ontwaken

ilaaluu

kijken naar

iyyuu

wenen

dhiibbaa dhiigaa

aaien

filuu

kammen

haasa'uu

praten

hubachuu

begrijpen

gaafachuu

vragen

dhggeeffachuu

luisteren

dhuguu

drinken

nyaachuu

eten

ol kaasuu

opruimen

jaalala

houden van

bilcheessuus

koken

oofuu

rijden

barrisuu

vliegen

jabalan

zeilen

heerregii

rekenen

dubbisuu

Lezen

baruumsa

leren

hojjechuu

werken

fuudha

trouwen

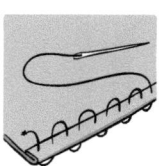

hodhuu

naaien

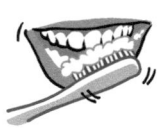

ilkaan rigachuu

tandenpoetsen

ajjeecha

doden

xuuxuu

roken

erguu

sturen

warra
familie

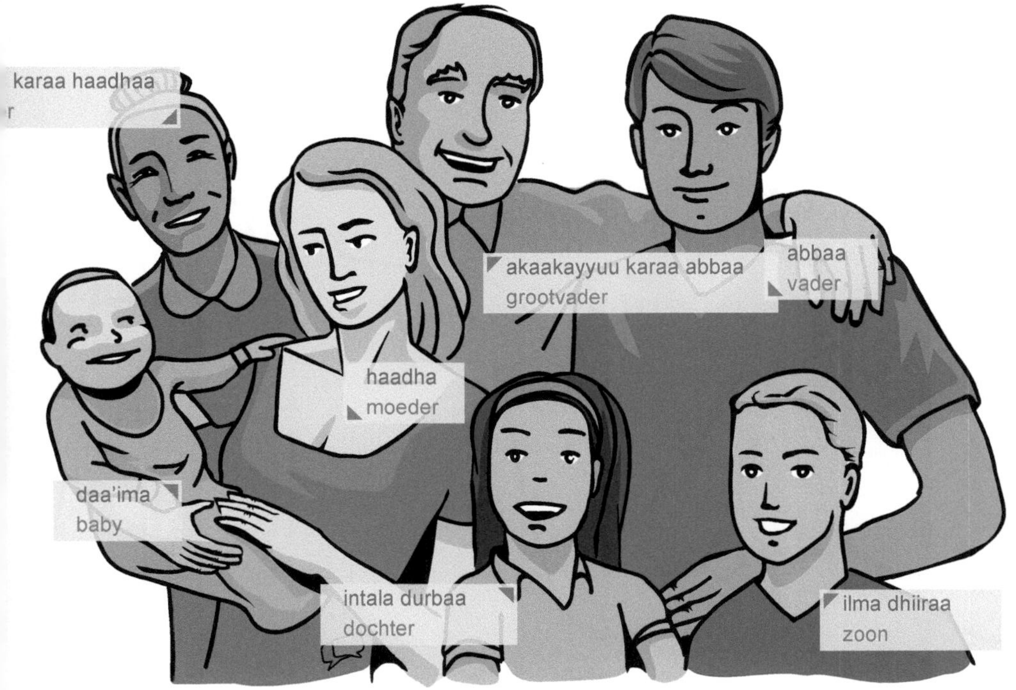
karaa haadhaa
r
akaakayyuu karaa abbaa
grootvader
abbaa
vader
haadha
moeder
daa'ima
baby
intala durbaa
dochter
ilma dhiiraa
zoon

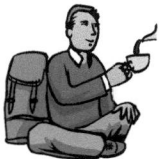

keessummaas
....
gast

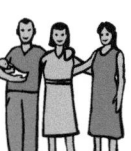

adaadaa
....
tante

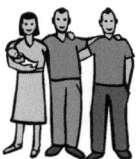

eessuma
....
oom

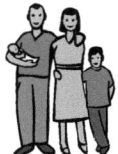

obboleessa
....
broer

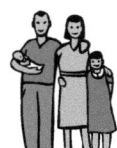

obboleettii
....
zus

qaama

lichaam

adda
voorhoofd
ija
oog
ceekuu
schouder
quba
vinger
fuula
gezicht
igicii
kin
harka
hand
luka
been
harma
borst
irree
arm

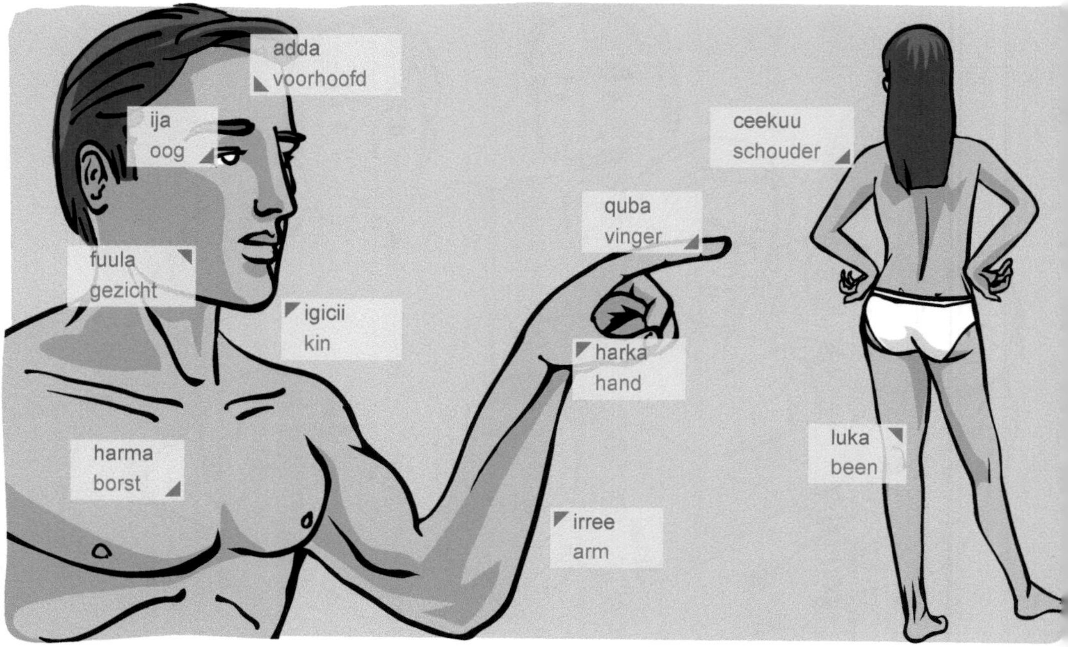

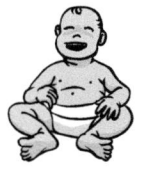

daa'ima

baby

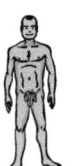

nama

man

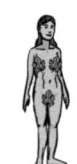

dubartii

vrouw

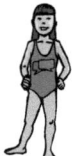

durba

meisje

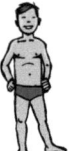

mucaa

jongen

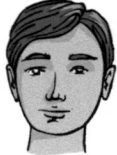

mataa

hoofd

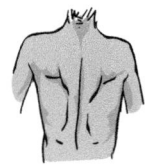

duuba
rug

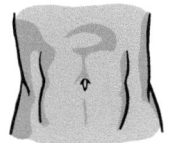

godhami
buik

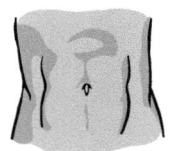

belly button
navel

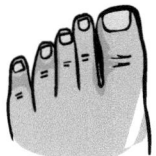

qubq miilaa
teen

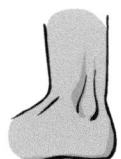

koomee
hiel

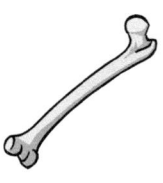

lafee
bot

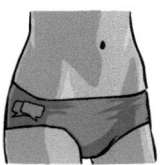

dirra
heup

jilba
knie

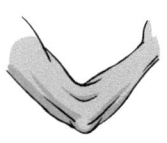

ciqilee
elleboog

fuunyaan
neus

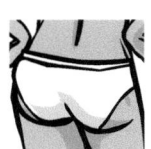

jala
zitvlak

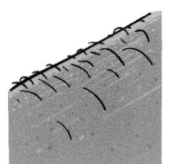

gogaa
huid

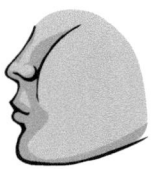

boqoo
wang

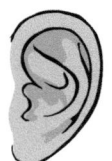

gurra
oor

hidhii
lip

qaama - lichaam

afaan
mond

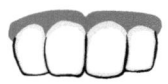

ilkee
tand

arraba
tong

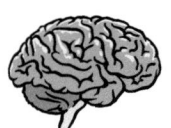

sammuu
hersenen

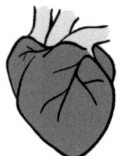

onnee
hart

fon irree
spier

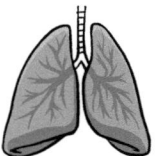

somba
long

tiruu
lever

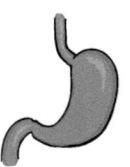

garaacha
maag

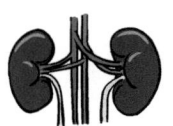

kaleewwan
nieren

wal qunnamitii saalaa
seks

kondomii
condoom

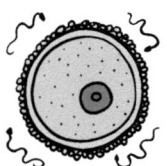

buphaa dubartii
eicel

mi'oo
sperma

ulfa
zwangerschap

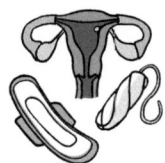

laguu ji'aa

menstruatie

buqushaa

vagina

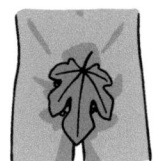

tuffee

penis

laboobbaa ijaa

wenkbrauw

rifeensa

haar

morma

nek

hospitaala
ziekenhuis

ambulaansii
ambulance

wiilchaariis
rolstoel

caba
breuk

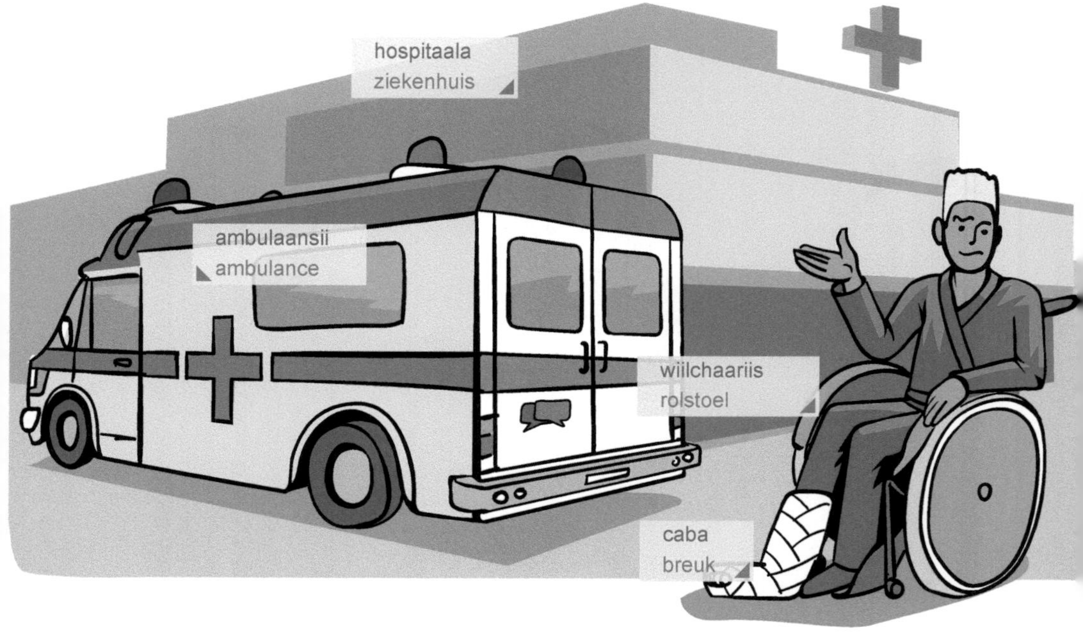

doktora

dokter

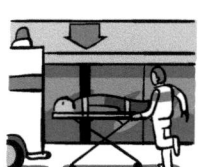

kutaa hatattamaa

spoed

narsii

verpleegkundige

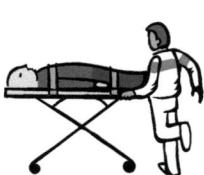

hatattama

noodgeval

kan hin dammaqin

bewusteloos

dhukkubbii

pijn

hospitaala - ziekenhuis

miidhhaa

verwonding

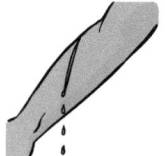

dhiiguu

bloeding

dhukkuba onnee

hartaanval

baay'ina dhiigaa

beroerte

hooqxoo

allergie

qufaa

hoest

oo'aa qaamaa

koorts

qufaa

griep

baasaa

diarree

bowoo mataa

hoofdpijn

kaansarii

kanker

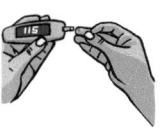

dhibee sukkaaraa

diabetes

baqaqsanii hodhuu

chirurg

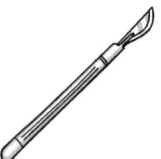

halbee

scalpel

hojii

operatie

hospitaala - ziekenhuis

CT

CT

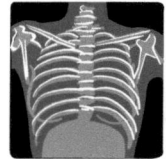

raajii

röntgenstraal

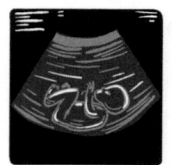

aaltraasaawandii

ultrageluid

haguuggii fuuiaa

gezichtsmasker

dhukkuba

ziekte

kutaa haar galfii

wachtkamer

hirkannaa

kruk

pilaastara

pleister

baandeejii

verband

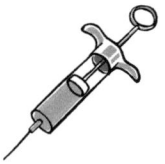

limmoo waraanuu

injectie

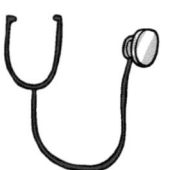

isteetskooppi

stethoscoop

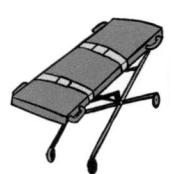

siree dhukkubsataa

brancard

termoo meetira klinikaa

thermometer

dhaloota

geboorte

ulfaatinaa ol

overgewicht

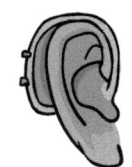

gargaaraa dhageettii

hoorapparaat

qoricha aramaa

ontsmettingsmiddel

miidhama keessaa

infectie

vaayirasa

virus

ECH AAIVII / EEDSII

HIV / AIDS

qoricha

medicijn

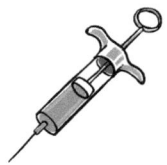

talaallii

vaccinatie

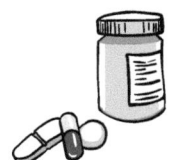

kiniinii

tabletten

kiniinii

pil

waamicha hatattamaa

noodoproep

too'attuu dhiibbaa dhiigaa

bloeddrukmeter

dhukkuba / fayyaa

ziek / gezond

gargaarsa!
Help!

alaarmiis
alarm

weerara
overval

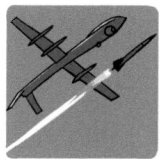

miidhuu
aanval

suukaneessaa
gevaar

baha hatattamaa
nooduitgang

abidda
Brand!

abidda dhaamisituu
brandblusser

balaa
ongeval

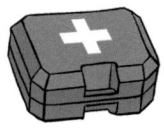

saanduqa gargaasa
calqabaa
EHBO-kit

Sii'oosii
SOS

foolisii
politie

awurooppaa

Europa

ameerikaa kabaa

Noord-Amerika

ameerikaa kibbaa

Zuid-Amerika

afrikaa

Afrika

eesiyaa

Azië

awustraaliyaa

Australië

atilaantik

Atlantische Oceaan

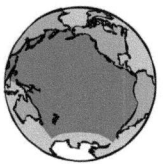

paasfiik

Stille Oceaan

galaana hindii

Indische Oceaan

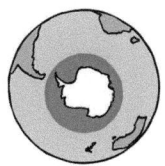

galaana antaartikaa

Antarctische Oceaan

galaana arkitiik

Arctische Oceaan

polii kaabaa

Noordpool

polii kibbaa

Zuidpool

antaartikaa

Antarctica

dachee

aarde

dachee

land

garba

zee

odola

eiland

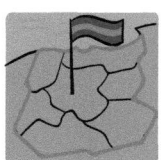

lammii

natie

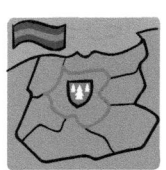

kutt biyyaa

staat

clock face

wijzerplaat

sa'aatii kana

uurwijzer

daqiiqaa kana

minuutwijzer

moofaa

secondewijzer

yeroon meeqa ta'ee?

Hoe laat is het?

guyyaa

dag

yeroo

tijd

amma

nu

sa'aatii diiskoo

digitale horloge

daqiiqaa

minuut

sa'aatii

uur

torbee
week

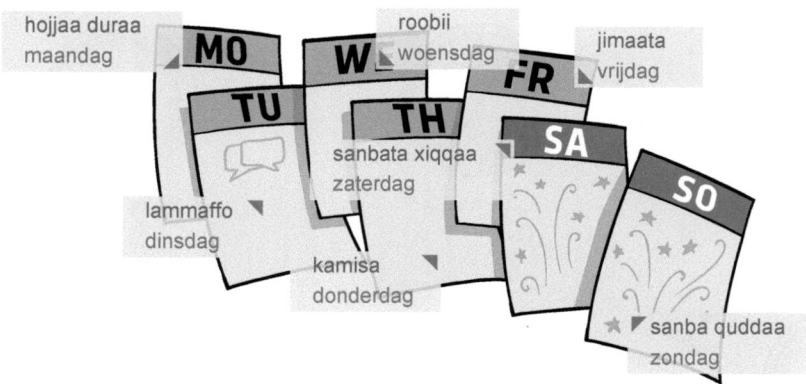

hojjaa duraa
maandag

roobii
woensdag

jimaata
vrijdag

lammaffo
dinsdag

sanbata xiqqaa
zaterdag

kamisa
donderdag

sanba quddaa
zondag

kaleessa

gisteren

har'a

vandaag

boru

morgen

ganama

ochtend

guyyaa qixxee

middag

galgala

avond

MO	TU	WE	TH	FR	SA	SU
1	2	3	4	5	6	7
8	9	10	11	12	13	14
15	16	17	18	19	20	21
22	23	24	25	26	27	28
29	30	31	1	2	3	4

guyyaa hojii

werkdagen

MO	TU	WE	TH	FR	SA	SU
1	2	3	4	5	6	7
8	9	10	11	12	13	14
15	16	17	18	19	20	21
22	23	24	25	26	27	28
29	30	31	1	2	3	4

dhuma forbee

weekend

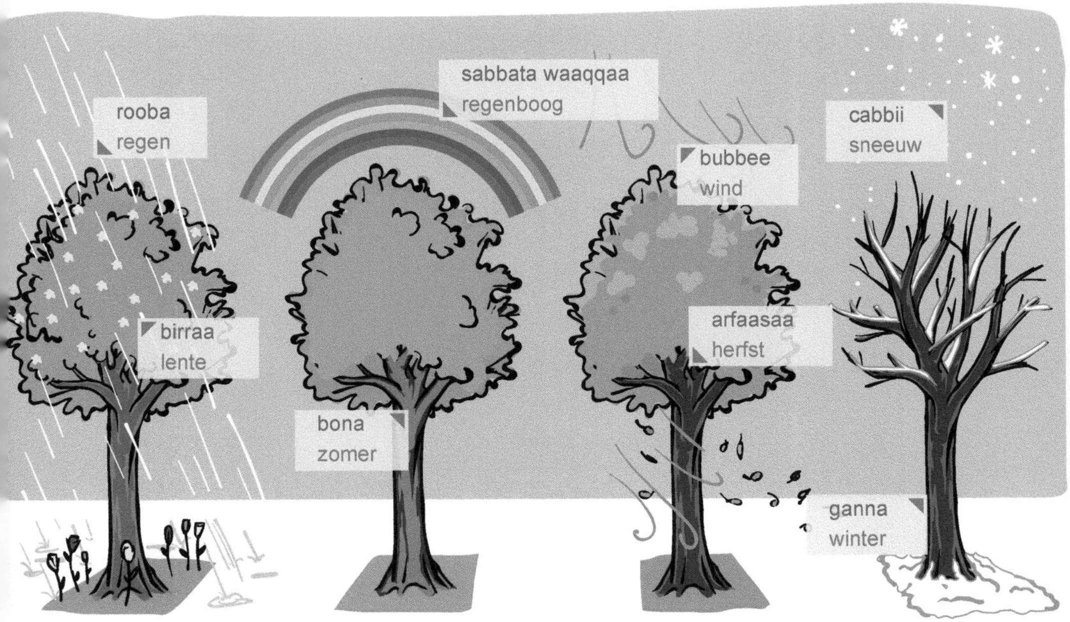

rooba
regen
sabbata waaqqaa
regenboog
cabbii
sneeuw
bubbee
wind
birraa
lente
arfaasaa
herfst
bona
zomer
ganna
winter

4.APRIL 11°
5.APRIL 4°
6.APRIL 13°
7.APRIL 8°
8.APRIL 10°

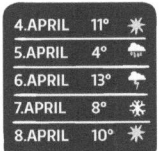

raaga haala qileensaa

weervoorspelling

F C
120 40
90 30
60 20
30 10
0 0
-30 -10
-20

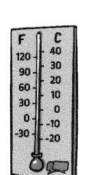

teermoomeetirii

thermometer

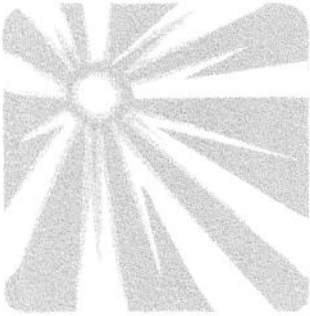

baha aduu

zonneschijn

duumessa

wolk

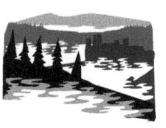

hurii

mist

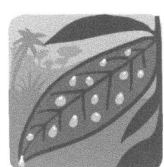

jiidha

vochtigheid

bakakkaa

bliksem

balaqqee

donder

dirrisa

storm

cabbii

hagel

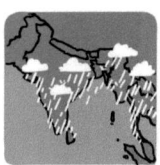

monsoon

moesson

lolaa

overstroming

cabbie

ijs

Amajjii

januari

Gurraandhala

februari

Bitootessa

maart

Eebila

april

Caamsaa

mei

Waxabajji

juni

Adooleessa

juli

Hagayya

augustus

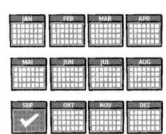

Fulbaana
....
september

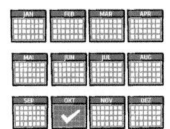

Onkololeessa
....
oktober

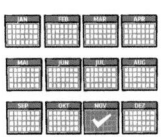

Sadaasa
....
november

Muddee
....
december

geengoo
....
cirkel

isqeerii
....
kwadraat

rog arfee
....
rechthoek

rg sadee
....
driehoek

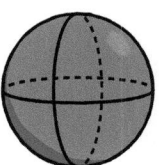

molaalee
....
bol

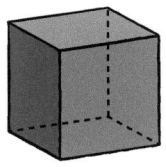

kuubii
....
kubus

adii

wit

boora

geel

keelloo

oranje

boorilee

roze

diimaa

rood

bunnii

paars

cuqliisa

blauw

magariisa

groen

magaala

bruin

bulee

grijs

gurraacha

zwart

baay'ee / xiqqoo

veel / weinig

aara / gammachuu

boos / kalm

bareeda / fokkuu

mooi / lelijk

calqaba / xumuura

begin / einde

guddaa / xiqqaa

groot / klein

ifa / dukkana

licht / donker

obboleessa / obboleettii

broer / zus

qulqulluu / xurii

proper / vuil

xumuuramaa / kan hin xumuuramin

volledig / onvolledig

guyyaa / halkan

dag / nacht

du'aa / jiraa

dood / levend

bal'aa / dhiphaa

breed / smal

kan nyaatamu / kan hin nyaatamne

eetbaar / oneetbaar

badd / gaarii

kwaadaardig / vriendelijk

gammachuu / ifannaa

opgewonden / verveeld

furdaa / qal'aa

dik / dun

calqaba / dhuma

eerst / laatst

michuu / diina

vriend / vijand

guutuu / duwwaa

vol / leeg

sakoruu / lalllaafaa

hard / zacht

ulfaataa / salphaa

zwaar / licht

beeluu / dheebuu

honger / dorst

dhukkuba / fayyaa

ziek / gezond

seer malee / seera qabeessa

illegaal / legaal

gaanfuree / dabeessa

intelligent / dom

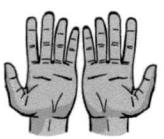

bitaa / mirga

links / rechts

maddii / fagoo

dichtbij / veraf

haara'a / moofaa

nieuw / gebruikt

homma / waan tokko

niets / iets

jaarsa / dargaggeessa

oud / jong

ibsuu / dhaamsuu

aan / uit

banuu / cufuu

open / dicht

callisuu / sagalee olkaasuu

stil / luid

sooressa / hiyyeessa

rijk / arm

sirrii / dogongora

juist / fout

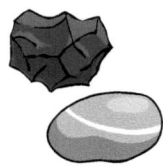

sokorruu / lallaafaa

ruw / glad

aara / gammachuu

droevig / blij

dheeraa / gabaabaa

kort / lang

qususaa / collee

traag / snel

jiidhaa / goggogaa

nat / droog

oo'aa / qorraa

warm / koud

lola / nagaa

oorlog / vrede

0	**1**	**2**
duwwaa	tokko	lama
nul	één	twee

3	**4**	**5**
sadis	afur	shan
drie	vier	vijf

6	**7**	**8**
jaha	torba	saddeet
zes	zeven	acht

9	**10**	**11**
sagal	kudhan	kudha tokko
negen	tien	elf

12

kudha lama

twaalf

13

kudha sadi

dertien

14

kudha afur

veertien

15

kudha shan

vijftien

16

kudha jaha

zestien

17

kudha torba

zeventien

18

kudha saddeet

achtien

19

kudha sagal

negentien

20

diigdama

twintig

100

dhibba

honderd

1.000

kuma

duizend

1.000.000

maliyoona

miljoen

Ingiliffa

Engels

Ingiliffa Ameerikaa

Amerikaans Engels

Mandarinii chaayinaa

Chinees (Mandarijn)

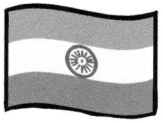

Afaan Hindii

Hindi

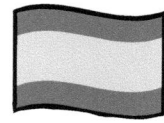

Afaan Speen

Spaans

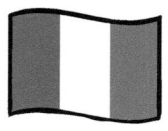

Afaan Faransaay

Frans

Afaan Arabaa

Arabisch

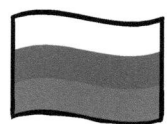

Afaan Raashaa

Russisch

Afaan Poortugaal

Portugees

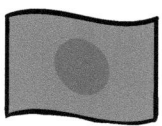

Afaan Beengaal

Bengali

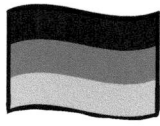

Afaan Jarman

Duits

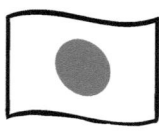

Afaan Jaappaan

Japans

ana
....
ik

si
....
u

isa / ishii / isa / wantootaf
....
hij / zij / het

nu'ii
....
wij

isin
....
u

isan
....
ze

eenyuu?
....
wie?

maal?
....
wat?

akkamitti
....
hoe?

eessa?
....
waar?

hoom?
....
wanneer?

maqaa
....
naam

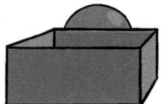

duuba

achter

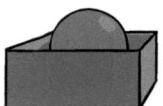

keessa

in

fuldura

voor

irra

boven

gubbaa

op

jala

onder

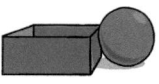

maddii

naast

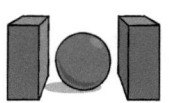

gidduu

tussen

bakkee

plaats